Kommentare von Lesern

Einen Tag vor der Seeschlacht von Myongyang sagte Yi Soon-shin: „Derjenige, der überleben will, wird sterben und derjenige, der zu sterben bereit ist, wird leben. Diese Worte erweckten den Geist der Soldaten und veränderten das Schicksal seines Landes. Ich bin sichtlich von Yis Führungsstil berührt.

Sylvia Riedele, Erzieherin, Deutschland

Der koreanische Admiral Yi Soon-shin ist für uns Europäer eine unbekannte Person. Beim Lesen des Überblicks über sein Leben und Wirken bekommt der Leser sehr viel Respekt vor ihm. Wenn ihn sogar Feinde respektieren, ist er sehr wohl ein äußerst ungewöhnlicher Feldherr und war ganz anders als die europäischen Kriegsherren. Diese wollten durch ihre Schlachten und Kriege immer mehr Macht und Geld erlangen und vor allem persönlichen Ruhm. Dieses Bestreben fehlt bei Yi Soon-shin vollkommen. Daher bin ich von seiner Persönlichkeit tief beeindruckt und bewegt.

Doris Bogner, Lehrerin, Deutschland

Admiral Yi Soon Shin erledigte Unglaubliches. Es scheint fast wie ein Wunder, dass er alle Schlachten gewann trotz ungünstiger Voraussetzungen. Es ist beeindruckend, was er zum Wohl seines Vaterlandes einsetzte, er hatte keinerlei persönlichen Ehrgeiz. Für mich bedeutet das, die eigenen Fähigkeiten zu erkennen und einzusetzen, wo es nötig und wichtig ist, ohne sich von wichtigen Umständen (sei es von außen oder innen) abhalten zu lassen. Und zwar zum Wohl seiner Mitmenschen und nicht zum eigenen Vorteil und Wohlergehen.

Birgit Hut-Fuchs, Deutschland, Sozialpädagogin

Ich möchte Ihnen mein außerordentliches Lob aussprechen zu einem großartigen Bericht über einen koreanischen Staatsbürger, der seinen Geist, seinen Körper und seine Seele opferte, um seinem Volk und seinem Land Freiheit zu gewähren. Es wäre untertrieben zu sagen, dass ich nur ein bisschen erstaunt gewesen wäre über dieses unglaubliche Leben von Admiral Yi Soon-shin und seiner Geschichte. Er war ein wunderbarer Krieger und zugleich eine bescheidene Person, und dafür sollte er sehr geschätzt werden.

Colonel Thomas Brenner, USA (RET)

Sein Patriotismus inspirierte Yi, Gutes zu tun, rein und ohne Hass, und nicht wie der Patriotismus von heute, der zu Voreingenommenheit, Arroganz und Spaltung führt. Die Art und Weise, wie er sich danach sehnte, seinem Land so gut es ging zu dienen, war wie die von Frommen, die Gott dienen -ohne Vorbehalt und ohne sich auf Ergebnisse zu versteifen oder auf die Möglichkeiten eines Rückzugs im Falle einer Niederlage. Seine Geschichte ist sehr inspirierend für die heutige Zeit, in der wir leben. In einer Welt, in der die Motive von Führern suspekt sind und von Eigennutz geprägt, kann man nur auf Menschen hoffen, die so sind wie Yi Soon-shin.

April Cantor, USA

Admiral Yi Soon-shin

Ein kurzer Überblick über sein Leben und Wirken

Herausgegeben von: Diamant-Sutra Rezitationsgruppe
Herausgeber: Jae-Woong Kim
Redaktionsleiter: Byung-Woong Chung
Redaktion: Jiseon Lee, Yoon-Sang Han, Hang-jin Chang, Matthew Jackson
Übersetzung: Jung-Ja Holm, Peter Holm
Gedruckt und gebunden von: Samjung Munhwasa
Chungjeong-ro 37-18, Seodaemun, Seoul

ISBN 0-9779613-0-3
Erste Auflage Februar 2006
Zweite Auflage Februar 2010
Gedruckt in der Republik Korea

Kontakt
Jung-Ja Holm
Hiltistr. 7a, D - 86916 Kaufering
Telefon +49(0)8191/70618
www.kscpp.net
jung-ja@hotmail.de

Bemerkung zur Romanisierung

Die Romanisierung der koreanischen Wörter in diesem Buch erfolgt nach dem McCune-Reischauer-System, ausgenommen hiervon sind prominente kulturelle Güter, Abbildungen und Ortsbezeichnungen, für die alternative Bezeichnungen besser bekannt sind sowie Namen von einzelnen Personen, die ihre Vorliebe einer alternativen Schreibweise Ausdruck verliehen haben.

Inhalt

I. Der Nationalheld Yi Soon-shin……………………...….………..7

II. Überblick über Yi Soon-shins Leben…………...…..…………13

III. Historischer Hintergrund……………………...….……….....16

IV. Die wichtigen Schlachten von Yi………………..….………..19

V. Kobukson oder das „Schildkrötenschiff"……….….…….…..36

VI. Das Kriegstagebuch von Yi Soon-shin………...…..…….......42

VII. Leben und Tod von Admiral Yi Soon-shin…...…….……….44

VIII. Schlussbemerkung……………………..….……………….49

Anhang

Die Kriegsschiffe und Waffen von Korea und Japan......................53

Perspektivische Ansicht von Kobukson I......................................60

Perspektivische Ansicht von Kobukson II.....................................62

Strategie und Taktik von Admiral Yi Soon-shin............................64

Yi Soon-shin: Sein Andenken und Einfluss im heutigen Korea...........68

Seeschlachten von Admiral Yi Soon-shin......................................72

Bibliografie…………………………………………………….78

I. Der Nationalheld Yi Soon-shin

Nach einer landesweiten Befragung, die von der Sooncheunhyang-Universität durchgeführt wurde, gilt Admiral Yi Soon-shin als die bedeutendste Persönlichkeit aller Zeiten.[1] Obwohl es unzählige führende Persönlichkeiten in 5000 Jahren koreanischer Geschichte gibt, lebt der Nationalheld Yi Soon-shin im Herzen aller Koreaner fort. Er hatte die Chosun-Dynastie (1392-1910), deren Fortbestand gefährdet war, 1592 vor der japanischen Invasion gerettet.

Es ist daher bedauerlich, dass Admiral Yi Soon-shin mit seinen großen Verdiensten für sein Vaterland im Ausland so wenig bekannt ist. Dieser einzigartige Erfolg von Yi ist bisher in der Weltgeschichte nicht hinreichend gewürdigt worden. Dschingis-Khan verlor zwei von 20 Feldzügen, Napoleon vier von 23 Kriegen, Kaiser Friedrich verlor drei von zwölf Kriegen und Hannibal einen von fünf Kriegen. Admiral Yi Soon-shin jedoch gewann bei 23 Kriegen 23-mal. Obwohl er hinsichtlich der militärischen Stärke und der Anzahl der Schiffe weit unterlegen war, hatte Yi 23-mal in sieben Jahren sowohl bei kleinen als auch bei großen Seeschlachten ohne eine einzige Niederlage gesiegt.

Der damalige Vizeadmiral der englischen Marine, George Alexander Ballard (1862-1948), fasste in seinem Buch *The Influence of the Sea on the Political History of Japan* das Leben und die Verdienste von Yi Soon-shin zusammen:

---

[1] "Citizens Name Admiral Yi 'Greatest Korean'," *The Chosun Ilbo*, 15. 4. 2005.

Es fällt den Engländern nicht leicht zu glauben, dass es noch andere gibt, die sich mit dem verdienten Nelson vergleichen lassen. Wenn es jedoch jemanden gibt, der zu der Ehre kommt, muss es der Admiral aus Asien sein, der keine einzige Schlacht verlor und während einer Schlacht starb. Jedes Mal, wenn er an einem Krieg teilnahm, stapelten sich auf dem Meeresboden vor der koreanischen Halbinsel einige Hundert japanische Kriegsschiffe. Es ist nicht übertrieben, wenn man sagt, dass Admiral Yi keinen einzigen Fehler auf dem Schlachtfeld gemacht hatte. In unterschiedlichen Situationen einer Schlacht hatte er immer eine perfekte Strategie. Wenn man seine ganzen Verdienste kurz zusammenfasst, hatte er, obwohl es in der Geschichte keine Vorbilder einer Strategie gab, von der man hätte lernen können, trotzdem gekämpft, wann immer auch Korea in Gefahr war. Dabei hatte er immer Erfolg. Er opferte sein Leben für sein Vaterland.[2]

Das Folgende ist ein Auszug eines Aufsatzes, der vom „Japanese Institute of Korean Studies" veröffentlicht wurde:

Während des Russisch-Japanischen Krieges (1904 bis 1905), nachdem der japanische Admiral Togo Heihachiro die Kriegsflotte der stärksten russischen Ostseegeschwader der Welt erfolgreich bekämpft hatte, gab es eine Siegesfeier. Ein Mann machte Admiral Togo schmeichelhafte Komplimente. „Dieser größte Erfolg wird sicherlich in die Geschichte eingehen, Sie sind ein Kriegsgott wie Admiral Nelson, der Napoleon in der Schlacht von Trafalgar besiegt hat". Admiral Togo erwiderte ihm dankend, dass Nelson in Wirklichkeit keine besonders große Persönlichkeit war, so wie man

---

[2] Alexander Ballard, *The Influence of Sea on the Political History of Japan* (New York: E. P. Dutton, 1921), 66-67.

sich das vorstellt. Aber Admiral Yi Soon-shin gilt als Kriegsgott und ich bin im Vergleich zu ihm nur ein bescheidener Unteroffizier."[3]

Obwohl üblicherweise die Helden dieser Welt von ihren Feinden als blutrünstige Wölfe bezeichnet oder als kaltblütige Tyrannen angesehen werden, wurde Admiral Yi Soon-shin von seinen japanischen Feinden immer respektiert und verehrt. Aus Liebe zu seinem Volk und Vaterland verzichtete er auf persönliche Vorteile und berufliche Eitelkeit. Durch makellose Kampfstrategie, unbeugsamen Mut trotz der schlechtesten Bedingungen und als ein Mensch von edlem Charakter, eroberte er die Herzen aller Japaner. Dies wird durch die Aussagen sowohl von vielen japanischen Soldaten, als auch von Historikern und in Büchern bestätigt. Im Folgenden sind einige Beispiele angeführt.

In früheren Zeiten gab es nur wenige Generäle, die wirkungsvolle Strategien vortrefflich beherrschten. Napoleon war einer davon. Zu den Admirälen zählen, wenn man genau hinschaut, der koreanische Admiral Yi Soon-shin und Nelson aus Europa. Admiral Yi Soon-shin ist eine Symbolfigur der Seeschlachten in der Welt. Da er unglücklicherweise in der Choson-Dynastie geboren wurde, sind sein Ruhm für die Tapferkeit und seine anerkennende Weisheit noch nicht in Europa bekannt. Obwohl die Literatur über den Siebenjährigen Krieg der Invasion Hideyoshis aus Japan nicht so zahlreich ist, wurde Yi als ein großer Admiral geschildert. Wenn man einen Ebenbürtigen in Europa sucht, kann man bestenfalls den Befehlshaber Michael de Ruyter (1607-1678) aus den Niederlanden anführen. Selbst Admiral Nelson war eine Persönlichkeit, aber man kann ihn nicht mit Yi Soon-shin vergleichen. Admiral Yi Soon-shin war derjenige, der das Panzerschiff, bekannt auch als das „Schildkrötenschiff" (*Kobukson*

---

[3] Andohi Kotaro, *History and Theory of Relations of Japan, Korea and China* (Japanese Institute of Korean Studies, 1965), 6-7.

auf Koreanisch), entwickelt und vor 400 Jahren mit großartigen Seeschlachtstrategien als Befehlshaber gekämpft hat.[4]

Yi Soon-shin war ein berühmter koreanischer Admiral, der in allen Seeschlachten die Japaner besiegte, als die Truppen von Japans Befehlshaber Toyotomi Hideyoshi Korea zur Chosun-Zeit überfielen. In der Chosun-Dynastie war Yi Soon-shin unter den zivilen und militärischen Beamten der Einzige, der unbestechlich war. Sowohl aufgrund seiner Führungskraft und Kampfstrategie, als auch aufgrund seiner Treue und Tapferkeit war er wahrhaftig, wie ein Wunder, ein außergewöhnlicher Soldat. Er war ein berühmter Admiral in der Zeit vor Nelson, dem niemand in der Weltgeschichte ebenbürtig war. Diese Person war in der Chosun-Dynastie fast in Vergessenheit geraten. Dahingegen wurde in Japan die Verehrung für Admiral Yi Soon-shin über Generationen weitergegeben. Seine Errungenschaften und Kampfstrategien wurden erforscht und darüber hinaus nähere Studien angefertigt, nachdem während der Meiji-Periode die japanische Marine gegründet wurde.[5]

Über die 23 Seeschlachten von Yi Soon-shin kann man sagen, dass die Schlachten von Hansan und Myongnyang die Wichtigsten waren. Admiral Yi Soon-shin hat in der weltbekannten Seeschlacht von Hansan mit der Hakik-Jin-Stategie („Kranichflügel-Formation") 59 von 73 japanischen Schiffen versenkt oder gekapert. Dadurch konnte er die amphibischen Operationen von Hideyoshi verhindern. Auch von der Seeschlacht von Myongnyang, in der er mit nur 13 Schiffen 133 japanische Kriegsschiffe erfolgreich bekämpft hat, spricht man unter maritimen Historikern wie von einem Wunder.

---

[4] Sato Destaro, *A Military History of the Emperor* (帝國國防史論) (Tokyo: Harashobo, 1908), p. 399.
[5] Siba Ryotaro, "Clouds over the hill," *Sankei Newspaper*, 3. 27. 1972.

Seeschlachten von Nelson, Togo und Yi

	Heimatflotte	Gegnerische Flotte	Resultat
Togo, Heihachiro Schlacht von Tsushima 27-28 Mai 1905	4 Kriegsschiffe 27 Kreuzer Andere Schiffe (Japan)	11 Kriegsschiffe 8 Kreuzer andere Schiffe Russland)	Japanischer Sieg 25 gegnerische Schiffe versenkt und aufgebracht
Nelson, Horatio Schlacht von Trafalgar 21 Oktober 1805	27 (England)	33 (Frankreich & Spanien)	Englischer Sieg 23 gegnerische Schiffe versenkt und aufgebracht
Yi, Soon-shin Schlacht von Myongnyang 16 September 1597	13 (Korea)	330 (Japan)	Koreanischer Sieg, 31 gegnerische Schiffe versenkt und 90 schwer beschädigt

Admiral Yi Soon-shin wird oft mit Admiral Nelson oder Togo verglichen. Alle drei sind Nationalhelden, die durch eine erfolgreiche Seeschlacht das Schicksal des Vaterlandes vor einer fremden Invasion abwenden konnten. Die Umstände von Nelsons Seeschlacht in Trafalgar oder Togos Seeschlacht in Tsushima kann man nicht mit der Seeschlacht von Myongnyang vergleichen, die Admiral Yi geführt hat.

In der Seeschlacht von Trafalgar stand die starke Seemacht England den weniger erfahrenen Seestreitkräften Frankreichs gegenüber (27 englische Schiffe gegen 33 französische und spanische Schiffe). Im Fall der Seeschlacht von Tsushima behielt aus vielen Gründen die japanische Marine die Oberhand. Die russische Ostseeflotte, die mehr als sieben Monate lang um den halben Erdball fuhr, war völlig erschöpft, weil die aus dem Norden stammenden Seeleute in den tropischen Gewässern erkrankten. Wenn man dies berücksichtigt, ist man wenig überrascht, dass die japanische Marine, die durch tägliches Training hoch motiviert war, die erschöpfte russische Marine unweit des japanischen Hoheitsgebiets geschlagen hat. Die oben genannten Schlachten sind in der untenstehenden Tabelle zusammengestellt.

Admiral Yi Soon-shin hat einen wahrlich überraschenden Rekord aufgestellt. Seine Großartigkeit beruhte nicht auf der Anzahl seiner geführten Seeschlachten, sondern vielmehr auf dem großen und edlen Opfer, das er seinem Land gebracht hat. Der Siebenjährige Krieg, dem er sowohl sein Leben als auch seinen Tod opferte, war nicht ein Krieg, der von politischem Ehrgeiz zwecks Machtexpansion getrieben wurde, sondern er war lediglich ein Kampf gegen Eindringlinge, um das Volk und sein Vaterland zu schützen.

II. Überblick über Yi Soon-shins Leben

Yi Soon-shin wurde am 28. April 1545 in einem vornehmen Stadtteil von Konchondong, Hansung (heute Seoul) als dritter Sohn von Yi Chong und seiner Frau Pyun geboren. Trotz ausgezeichneter Herkunft war seine Familie nicht sehr wohlhabend, da sein Großvater während der Herrschaft von König Chungjong in einer schwierigen politischen Lage war. Deshalb musste Yi Soon-shins Vater Yi Chong seine politischen Ämter aufgeben. Aufgrund von wirtschaftlichen Schwierigkeiten zog die Familie nach Asan, das Yis zweite Heimat wurde.

Im Alter von 21 Jahren heiratete er die Tochter von Pang Chin aus der Nachbarstadt, mit der er drei Söhne und eine Tochter hatte. Wie andere junge Männer aus vornehmem Haus studierte er bereits in jungen Jahren zusammen mit seinen beiden Brüdern konfuzianische Philosophie. Bereits mit 22 Jahren begann er, militärische Grundkenntnisse zu erwerben. Aus fester Überzeugung entschied er sich in den Militärdienst einzutreten, wohlwissend, dass die Choson - Gesellschaft den Zivildienst gegenüber dem Militärdienst bevorzugte. Berichte und Gedichte sowie Eintragungen in seinem Tagebuch zeigen, dass er nicht nur ein bemerkenswertes literarisches Talent, sondern auch die Tapferkeit und die Großartigkeit eines Kriegers besaß.

Im Jahr 1572 bewarb er sich mit 28 Jahren für die Aufnahmeprüfung zum Militärdienst. Während der Prüfung fiel er vom Rücken des Pferdes und brach sich dabei sein linkes Bein.

Daraufhin stand er ruhig mit einem Bein auf und bandagierte unter den Augen der erstaunten Zuschauer das verletzte Bein mit dünnen Weidenzweigen eines danebenstehenden Busches. Obwohl er beim ersten Examen durchfiel, gab er nicht auf und bestand vier Jahre später im Alter von 32 Jahren das Examen für den Militärdienst erfolgreich.

Yi Soon-shin war immer ein pflichtbewusster Offizier. Als rechtschaffener Mann, der niemals daran dachte, einen ungerechten oder bequemen Weg zu gehen, wurde immer wieder in verschiedenen Provinzen auf untergeordnete Posten versetzt und blieb damit lange Zeit für die Mächtigen unbekannt. Einmal wurde er sogar von seinem Dienst aufgrund eines Konflikts mit einem älteren Offizier abgelöst. Dieser verlangte von ihm, an einer rechtswidrigen Personalentscheidung mitzuwirken. Yi Soon-shin lehnte jedoch ab. Ein anderes Mal erlebte Yi Soon-shin, der aufgrund falscher Anschuldigungen von einem Offizier, der ihn für seine eigenen Fehler verantwortlich gemacht hatte, eine herbe Degradierung zu einem gewöhnlichen Fußsoldaten.

Einige Monate vor Kriegsausbruch erhielt er eine außerordentliche Beförderung zum Admiral des Marinestützpunkts der linken Cholla Provinz. Dies hat er der überzeugenden Empfehlung von Ministerpräsident Yu zu verdanken, der Yi seit seiner Kindheit kannte und fest daran glaubte, dass Choson-Korea dessen Fähigkeiten benötigte.

Sobald er Admiral wurde, nahm Yi Soon-shin sofort den Wiederaufbau der koreanischen Marine in Angriff. Er straffte die Verwaltung, verbesserte die Einsatzfähigkeit der Waffen und festigte die Disziplin der Marine, obwohl bis zu diesem Zeitpunkt die bevorstehende Kriegsgefahr noch nicht deutlich war. Bis einen einzigen Tag vor der japanischen Invasion bemühte er sich noch, Kriegsschiffe herzustellen und den Bau des Schildkrötenschiffs fertigzustellen. In den folgenden sieben Jahren rettete Yi sein Heimatland und sein Volk, indem er alle 23 Seeschlachten siegreich führte. Dabei kamen ihm seine unerschütterliche Loyalität, seine brillante Taktik und sein unbezähmbarer Geist zu Hilfe, der sein Leben und seinen Tod transzendierte.

Admiral Yi führte sehr erfolgreich Seeschlachten und gewann eine nach der anderen. In seinem Privatleben aber erlitt er viele tragische Rückschläge. Diese machten sein edles Leben noch großartiger. Trotz der schrecklichen Tatsache, dass der König einmal versuchte, ihn umbringen zu lassen, hat Yi niemals dessen Loyalität verraten. Als sein Rivale Won Kyun und seine Feinde ihn am königlichen Hof fälschlicherweise anklagten, hegte er nicht einmal Groll gegen sie. Nachdem die koreanische Marine, die er über viele Jahre aufgebaut hatte, eines Tages aufgrund einer vernichtenden Niederlage Won Kyuns durch die Japaner ausgelöscht wurde, führte sein Ärger darüber nicht dazu, seinen Dienst an der Allgemeinheit aufzugeben. Seine absolute Loyalität zu seinem Land und zu seinem Volk verhalf ihm zu fortwährenden Siegen auf See, was als maritimes Wunder in die Geschichte der Seefahrt einging. Er starb heldenhaft im Kampf während seiner letzten Seeschlacht in Noryang, die den Siebenjährigen Krieg beendete. Er wurde posthum zum *Chung Mu Gong* (Ehrentitel, Ritterorden) ernannt.

III. Historischer Hintergrund

Während der Chosun-Dynastie hatte man große Verwirrungen und Schwierigkeiten in Wirtschaft und Politik erlebt. Andauernde Kämpfe zwischen politischen Parteien führten zu Korruption, was wiederum zu Unregelmäßigkeiten im Finanzsystem führte. Die Parteikämpfe in der Regierung wirkten sich bis auf die Provinzen aus und destabilisierten die gesamte nationale Politik. Die unrechtmäßige Berufung von Verwaltungsbeamten führte zu einer nicht effektiven Verwaltung, sodass das Volk sein Vertrauen in die Monarchie verloren hatte. Da die Monarchie unfähig und korrupt war, war auch die nationale Verteidigung sehr schwach.

Mittlerweile hatte Toyotomi Hideyoshi in Japan im Jahr 1590 dem 150 Jahre andauernden Bürgerkrieg ein Ende bereitet, indem er Japan unter seiner Führung erfolgreich vereinigt hatte. Als er sich mit der Aufgabe der Vereinigung befasste, hatte er einen Weg gesucht, die Übermacht der Feudalherren zu schwächen und die Macht der Zentralregierung erstarken zu lassen. Die Feudalherren bedrohten zu dieser Zeit seine Vormachtstellung. Mit großer Gewissenhaftigkeit plante er die Invasion in die Nachbarländer, sodass er in der Lage war, den internen Feudalismus zu kontrollieren und die Aufmerksamkeit der Feudalherren auf das Ausland zu lenken. Zuerst forderte er, dass Korea ihm bei dem Versuch helfen sollte, Ming-China zu erobern.

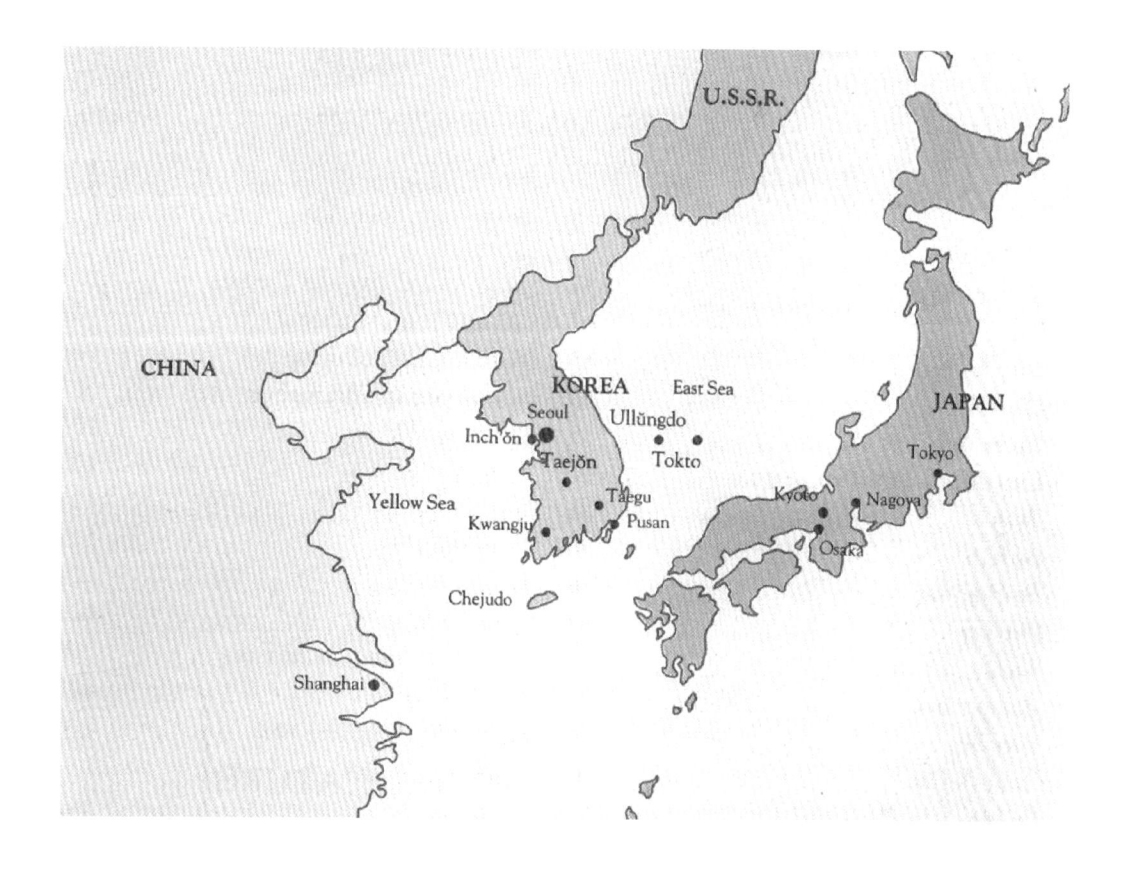

Als sein Antrag von den Koreanern abgelehnt wurde, versuchte er, die koreanische Halbinsel, mit dem beschönigenden Vorwand „einen Weg nach China zu ermöglichen" einzunehmen. Korea hatte die Delegierten zu Hideyoshi geschickt, bevor dieser die Entscheidung traf, um die Wahrscheinlichkeit einer japanischen Invasion herabzusetzen. Aber ihre auf einen Konflikt zielende Ansicht hatte es nur geschafft, den königlichen Hof, der bereits von Splitterparteien zerrissen war, weiter zu spalten.

Korea, das 200 Jahre lang ohne fremde Eindringlinge an Frieden gewöhnt war, war aus diesem Grund gänzlich unvorbereitet, als am 13. 04. 1592 das japanische Militär mit 160.000 Mann in ihr Land eindrang. Gegenüber den Japanern mit ihrer gewaltigen Übermacht, die gut trainiert waren und mit neuen Waffen, den sogenannten Musketen, ausgestattet waren, war das ärmlich ausgestattete koreanische Militär so gut wie hilflos. Die südliche Verteidigungslinie wurde in wenigen Tagen durchbrochen, und die japanischen Streitkräfte begannen, ohne nennenswerte Gegenwehr, nach Norden zu marschieren.

Der koreanische König Sonjo floh mit seinem Sohn am 30. April nach Pyongyang. Zwei Tage später erreichten die Japaner die Hauptstadt Seoul; seit ihrer unerwarteten Landung in Pusan waren 18 Tage vergangen. Als die japanische Armee ihren Marsch nach Norden fortsetzte, schlugen sie alle koreanischen Streitkräfte, die den Mut hatten, sich ihnen in den Weg zu stellen. König Sonjo verzichtete auf die Verteidigung von Pyongyang und floh nach Uiju ganz im Norden der koreanischen Halbinsel. Das Volk war auf seinen inkompetenten und verantwortungslosen König wütend. In weniger als zwei Monaten, mit Beginn der Landung in Pusan, hatte das japanische Militär die ganze koreanische Halbinsel überrannt.

IV. Die wichtigen Schlachten von Yi

Korea jedoch hatte noch nicht die Kontrolle auf See verloren. Weil die Versorgung auf dem Landweg zu viel Zeit und Personal in Anspruch nahm, hatten die Japaner zu Beginn des Kriegs gehofft, den Nachschub für die nach Norden vordringenden Landstreitkräfte über die Seewege zu transportieren, indem sie an der Süd- und Westküste landen wollten. Dies erwies sich jedoch als keine gute Lösung. Zum einen machten die Erfolge zu See zugunsten der Mannschaften von Yi Soon-shin die Verluste wett, die die belagerten koreanischen Streitkräfte erlitten. Damit wurde die angeschlagene Moral des Landes wiederhergestellt. Zum anderen gefährdeten sie die Lage der japanischen Streitkräfte aufs Höchste, indem sie ihre Kommunikations- und Nachschubwege unterbrachen. Somit brachten sie den bis dahin unbehelligten Einmarsch zum Stillstand. Im Folgenden werden die entscheidenden Siege dargestellt, die von Admiral Yi Soon-shin in außergewöhnlichen Gegenoffensiven gewonnen wurden.

1. Die Seeschlacht bei Hansan und die „Kranichflügel"-Formation

Nach einer wiederholten Reihe von Siegen seit Mai 1592 hatte Yi Soon-shin nun die Aufgabe, in seinem Hauptquartier in Yosu seine Seestreitkräfte neu zu

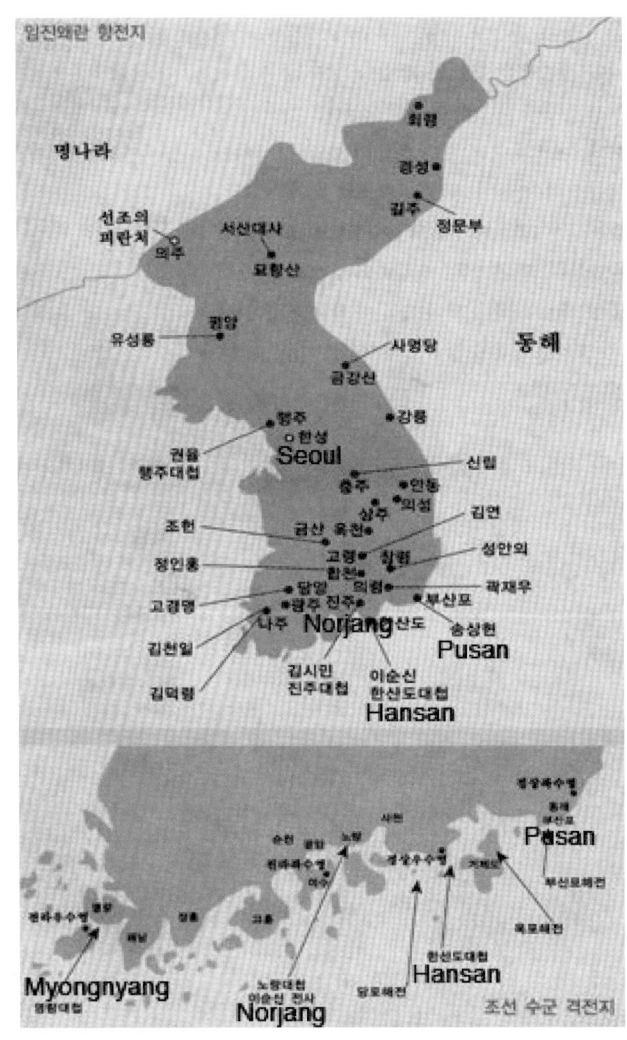

Landkarte von Korea mit Ausschnitt der südlichen Küstenregion

formieren und wiederaufzurüsten. Inzwischen suchte Hideyoshi von Unruhe geplagt nach einer Möglichkeit, die Verluste zu kompensieren, die er durch seine Niederlagen erlitten hatte. Seine erste Aufgabe war es, eine sichere Nachschublinie wieder aufzubauen, was notwendigerweise mit einer Demütigung der koreanischen Marine verbunden gewesen wäre. In dieser Absicht schickte er Admiral Wakisaka Yasuharu, einer seiner kompetentesten

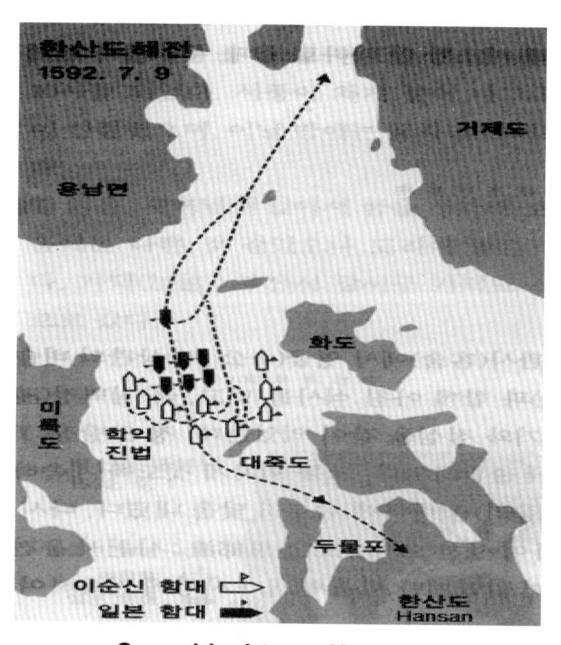

Seeschlacht von Hansan
Kranichflügel-Formation
Koreanisch: Hagik Chin
Weiß = Koreanische Flotte
Schwarz = Japanische Flotte

Admiräle, mit 70 Schiffen und seinen eigenen Elitetruppen nach Wungchon. Eine zweite Flotte von 40 Schiffen unter dem Befehl von Kuki Yoshitaka und eine dritte Flotte unter dem Kommando von Kato Yoshiakira schickte er hinterher.

Sich dieser Entwicklungen bewusst, setzte Yi eine Flotte von 51 Schiffen in Bewegung, indem er die Streitkräfte von Yi Ok-ki mit seinen Eigenen vereinte. Von seinem Hauptquartier in Yosu aus machte er sich auf den Weg nach Kyonnaeryang, wo Wakisaka und seine Flotte gerade geankert hatten. Auf dem Weg traf er auf den koreanischen Admiral Won Kyun. Bald fand Yi heraus, dass die Meerenge von Kyonnaeryang ein ungeeigneter Platz zum Kämpfen wäre, weil sie eng und voller Untiefen war. Er schlussfolgerte, dass seine bedachten Schiffe Gefahr laufen würden, untereinander zu kollidieren, und außerdem das naheliegende Festland eine gute Rückzugsmöglichkeit für die Feinde bieten würde, falls sie besiegt werden sollten. Er entschied daher, die Japaner auf die offene See vor der Insel Hansan zu locken. Da Hansan zwischen Koje und Kosong lag, und somit entfernt vom sicheren Festland, würden die koreanischen Streitkräfte den Feind attackieren. Sollte der Feind dann entscheiden, an Land zu schwimmen (auf die Insel Hansan), würde er dort letztendlich verhungern.

Gemäß diesem Plan positionierte Yi die meisten Kriegsschiffe in der Nähe von Hansan, während er fünf oder sechs „Panokseon" (überdachte Schiffe) in die Meerenge bei Kyonnaeryang schickte. Die japanische Flotte sah die koreanische in der Unterzahl und versuchte sofort anzugreifen. Yi befahl seinen „Panokseon", sich sofort in Richtung Hansan-Do zurückzuziehen, wo die restliche Flotte auf ihren Einsatz wartete. Ermutigt durch die scheinbare Feigheit der Koreaner, verdoppelten die Japaner das Feuer und nahmen die Verfolgung auf. In der Zwischenzeit kümmerte sich Yi darum, eine feste Distanz zwischen seinen eigenen Schiffen und denen seiner Feinde zu halten. Als sie schließlich auf offener See waren und die vereinbarte Stelle vor der Insel erreichten, ließ er plötzlich die Trommeln schlagen und gab den Befehl:

„Alle umdrehen und den Feind angreifen! Kehrtwenden in Hagik-Jin-Weise![6] Das Flaggschiff zuerst attackieren!"

Die koreanische Flotte wendete daraufhin, formierte sich in Hagik-Jin-Weise und umzingelte die vordersten Schiffe der Japaner in einem Halbkreis. Die Feinde saßen somit in der Falle und hatten kaum eine Chance, zu manövrieren. Gefangen, wie sie waren, gerieten sie sofort unter Beschuss von Kanonen und Feuerpfeilen der Koreaner. Das Schicksal ihrer Kampfgefährten vor Augen,

---

[6] „Kranichflügel-Formation" (auf koreanisch Hagik-Jin): Eine der berühmten Schiffsformationen von Yi). Ein Schildkrötenschiff segelte an der Spitze von Panokseon-Schiffen. Diese formieren sich entlang einer gekrümmten Linie, die der Form eines Kranichflügels entspricht. Wenn sie dicht an den Feind herangekommen sind, kreisen sie diesen ein, bevor sie zum Angriff übergehen. Die bekannte Japanische Zeitung Historic Studies (Mai 2002) erwähnte, dass Togos T-Formation, die er in Schlacht von Tsushima benutzte, von der Formation des Admirals Yi abgeleitet wurde.

flohen die noch unversehrten feindlichen Schiffe in alle Himmelsrichtungen, dicht gefolgt von der koreanischen Flotte. Ohne selbst ein einziges Schiff verloren zu haben, versenkte die koreanische Flotte unter Führung von Admiral Yi 47 feindliche Schiffe und kaperte zwölf. Dem japanischen Admiral Wakisaka blieben von ursprünglich 73 nur noch 14 Schiffe übrig und von insgesamt 10.000 Männern hatte er nur noch 1.000 (Es gibt keine endgültigen Beweise für die Verluste von 9.000 Männern, aber es ist keineswegs eine unwahrscheinliche Schätzung, wenn man von den einzelnen Größen der japanischen Kriegsschiffe auf die darauf befindlichen Personenzahlen schließt).

James Murdoch und Isoh Yamagata schreiben in ihrem Buch A History of Japan:

> Man kann sie [die Schlacht von Hansan] getrost als das Salamis von Korea bezeichnen. Mit ihr wurde das Todesurteil der Invasion [der Japaner] unterzeichnet. Das große Ziel ihrer Expedition, die Demütigung von China, wurde vereitelt. Von da an diente der Krieg, der sich noch durch viele Jahre hinzog, lediglich dazu, die Enttäuschung des Hideyoshi zu lindern.[7]

Nach dieser vernichtenden Niederlage auf See verbot Toyotomi Hideyoshi von nun an, dass sich seine Leute Seeschlachten mit den Koreanern lieferten. Die Schlacht bei Hansan ist nicht nur eine der glorreichsten drei koreanischen Siege im Siebenjährigen Krieg (die anderen waren die Landschlachten von Chinju und Haengju), sondern auch eine der bedeutendsten Seeschlachten der Weltgeschichte.

Ballard (1862-1948) zollte in seinem Buch *The Influence of the Sea on the Political History of Japan* Yi Soon-shins außergewöhnlichen Errungenschaften Anerkennung:

---

[7] James Murdoch, *A History of Japan* (London: Routledge, 1996), 337.

> Sie [die Seeschlacht bei Hansan] war die Glanzleistung des großen koreanischen Admirals. In einem Zeitraum von nur sechs Wochen hatte er, unübertroffen in der Geschichte aller Seeschlachten, eine Reihe von Siegen errungen, indem er durch sein wirkungsvolles Angriffsschema die Flotten seiner Feinde zerstört und deren Kommunikations- und Nachschubwege unterbrochen hatte. Nicht einmal Nelson, Blake oder Jean Bart hätten mehr vollbringen können als dieser wenig bekannte Repräsentant einer kleinen und auf grausame Art unterdrückte Nation. Es ist bedauerlich, dass die Erinnerung an diesen berühmten Mann nur in seinem Heimatland erhalten geblieben ist, denn kein objektiver Beurteiler kann ihm das Recht absprechen, zu den geborenen Führern der Menschheit zu gehören.[8]

Die Auswirkungen Yis letzten Sieges waren beträchtlich: Die Koreaner waren nun die unangefochtenen Herrscher des Meeres. Außerdem waren die Japaner auf dem koreanischen Festland vollständig vom Nachschub ihres Landes abgeschnitten. Kurz nach der Seeschlacht fiel Pjöngjang wieder mithilfe der Ming-chinesischen Truppen, welche die koreanischen Landstreitkräfte entlasteten, an die Koreaner zurück. Zwei Monate später wurde Seoul von den Eindringlingen komplett aufgegeben. Die Selbigen wurden kurz darauf gezwungen, eine Waffenstillstandserklärung zu unterschreiben. Als Anerkennung seiner großen Tat, die zu einem glücklichen Ausgang geführt hatte, wurde Yi als „Tongjesa" eingesetzt, welcher das Kommando über die Seekräfte aller drei Provinzen hatte. Dies war damals die höchste Ehre, die einem zuteilwerden konnte.

---

[8] Alexander Ballard, *The Influence of Sea on the Political History of Japan* (New York: E. P. Dutton, 1921), 57.

2. Die Schlacht von Myongnyang, ein maritimes Wunder

Im Dezember 1596, als die Verhandlungen zwischen dem Ming-China und Japan unterbrochen waren, plante Hideyoshi erneut eine Invasion nach einer Pause von vier Jahren. In der Zwischenzeit war Yi in Schwierigkeiten wegen einer Anschuldigung, die von Admiral Won Kyun gegen ihn erhoben wurde, und litt außerdem an einem Intrigenspiel des japanischen Doppelagenten Yoshira. Won Kyun, der immer extrem unzufrieden damit war, dass Yi eine höhere Position innehatte, als er selbst, hatte nicht nur viele seiner Befehle in der Vergangenheit absichtlich ignoriert, sondern berichtete gelegentlich auch falsch an den königlichen Hof über die Lage der Marine und das Resultat der Seeschlachten, in der Absicht, Yis Persönlichkeit zu diffamieren. Dies führte zu einem wachsenden Verdacht am königlichen Hofe, dass der erfolgreiche Admiral nicht vertrauenswürdig sei. Überdies waren sich die Japaner im Klaren darüber, dass, wenn sie mit ihren brandneuen Invasionsplänen erfolgreich sein wollten, sie zuerst den Mann beseitigen müssten, der ihre ganzen vorangegangenen Pläne vereitelt hatte. Solange die Kriegsschiffe von Yi auf See waren, gab es kein grünes Licht für die Japaner.

Ein Plan wurde entwickelt, Yi Soon-shin die Gunst seines Königs gewaltsam zu entziehen: Ein japanischer Soldat namens Yoshira wurde zum Heerlager des koreanischen Generals Kim Eung-su geschickt, wo er sich ihm anbot, für Korea als Spion zu arbeiten. Der General war sogleich einverstanden und so war es Yoshira lange Zeit möglich, die Rolle eines Informanten einzunehmen und den Koreanern Informationen zu geben, die als nützlich erschienen. Eines Tages berichtete er General Kim, dass der japanische Admiral Kato Kiyomasa mit seiner Flotte bald Choson erreichen werde und er ihm bald genauere Details bezüglich der Ankunftszeit und der Anzahl der Schiffe geben könne. In der Zwischenzeit solle der General jedoch den König bitten, Yi mit seiner Flotte zu schicken, um die Japaner abzufangen. Als Yi den Befehl vom König erhielt, lehnte er jedoch ab, weil der Ort, den der Spion nannte, viele Untiefen aufweist und höchst gefährlich ist. Er sagte, dass es einem Selbstmordversuch gleichkäme, eine Operation unter solchen Bedingungen auszuführen.

Als General Kim König Sonjo über die Bedenken von Yi informierte, dachte der König, dass Yi seine Befehle aus reinem Hochmut nicht akzeptierte, und wurde wütend. Folglich wurde Yi festgenommen und nach Seoul gebracht, wo er geschlagen und gefoltert wurde.

Der König wollte ihn zuerst zum Tode verurteilen, aber Yis Anhänger am Gericht überzeugten den König, den Gefangenen zu verschonen, da er ihm in der Vergangenheit gut gedient hatte. Dem Todesurteil gerade noch einmal entronnen, wurde Yi militärisch degradiert und war nun ein gewöhnlicher Fußsoldat. Diese Demütigung ertrug er klaglos.

Won Kyun wurde anstelle von Yi als Tongjesa ernannt, so wie er es sich schon lange gewünscht hatte. Hinsichtlich seiner Leitung aller Angelegenheiten zu See war er jedoch Yi bei Weitem unterlegen und auch sehr träge in der Führung seiner Soldaten und der Flotte. Indessen drängte der japanische Spion weiterhin Admiral Kim, die koreanische Flotte zu entsenden, um die Japaner abzufangen. Der Befehl wurde sodann erteilt und Won Kyun stach mit seiner Flotte widerwillig in See. Das Ergebnis war wie erwartet vernichtend. Was vor allem dazu beitrug, waren Won Kyuns ungeschickte Manöver, bei denen beinahe die gesamte koreanische Flotte zerstört wurde. Von Panik erfasst floh der Admiral an Land, wo er von einem japanischen Soldaten aus dem Hinterhalt überrascht und enthauptet wurde.

Diese Niederlage war die einzige Flottenniederlage aufseiten der Koreaner während des gesamten Siebenjährigen Krieges, jedoch waren die Folgen verheerend und irreparabel. Von ursprünglich 134 Kriegsschiffen schafften es nur zwölf Stück, sich in Sicherheit zu begeben. Über diese Neuigkeiten informiert, bereute der König seine früheren Entscheidungen zutiefst und beförderte Yi rasch erneut zum obersten Befehlshaber der Marine, um die katastrophale Situation der Marine wieder in Ordnung zu bringen. König Sonjo war in Wahrheit furchtbar eifersüchtig auf Yi, da dieser mehr vom Volk verehrt, wurde als er selbst, jedoch hatte er keine andere Wahl als ihn wieder kommandieren zu lassen, da es keinen anderen Mann gab, der die Schwierigkeiten des Landes besser lösen konnte. Trotz Yis vorheriger unverdienter Degradierung und der herzzerreißenden Nachricht vom Tod seiner Mutter machte er sich auf den Weg zum Hauptquartier und plante seinen nächsten Feldzug, bereit, seinen Aufgaben nachzukommen. Er nahm die Gefahr auf sich, den langen gefährlichen Umweg von etwa 300 km um die Cholla-Provinz, trotz des Risikos einer gefährlichen Begegnung mit dem Feind, zu wählen. Auf dieser langen Reise konnte er mithilfe der Flüchtlinge die übrig gebliebenen Schiffe und die überlebenden Soldaten sammeln sowie die militärische Verpflegung und die Waffen höher aufstocken. Er besuchte die hohen Beamten jeder Gemeinde, um ihnen den Mut zur Selbsthilfe zu geben, sodass sie die durch den Krieg in Mitleidenschaft gezogene Verwaltung wieder herstellen konnten. Er war von einem leidenschaftlichen Pflichtgefühl beseelt und war voll davon überzeugt, dass das Schicksal seines Landes und seines Volkes von nun an in seiner Hand lag.

Als er ankam, sah er, dass er nur zwölf Schiffe zur Verfügung hatte. Er schaffte noch ein Schiff von den Ortsansässigen herbei. Der königliche Hof, der vom katastrophalen Zustand der Flotte erfuhr, drängte Yi dazu, den Kampf zur See aufzugeben und seine Streitkräfte der Armee des Landes zu unterstellen. Dies würde einer Auflösung der koreanischen Marine gleichkommen. Yi unterbreitete dem Thron das folgende Schriftstück, indem er die Bedeutung und den Erhalt der Seestreitkräfte des Landes unterstrich:

> Während der vergangenen fünf oder sechs Jahre ist es den Japanern nicht gelungen, die Provinzen Chungchong und Cholla unmittelbar einzunehmen, weil unsere Marine deren Seewege unterbrochen hat. Ihr bescheidener Diener kommandiert immerhin nicht weniger als zwölf Schiffe. Wenn ich den Gegner mit äußerster Anstrengung angreife, bin ich fest davon überzeugt, dass dieser auch in dieser

Situation zurückgeschlagen werden kann. Die vollständige Auflösung unserer Marine würde nicht nur dem Feind gefallen, sondern würde ihm auch ermöglichen, den Seeweg entlang der Chungchong Provinz zu benutzen und sogar den Hanfluss hinaufzusegeln. Dies sind meine größten Befürchtungen.[9]

Yis Botschaft überzeugte den König und seine Hofbeamten, weswegen die Pläne zur Abschaffung der Marine nicht weiter verfolgt wurden. Inzwischen gab sich Yi äußerste Mühe, die Vorbereitungen zur bevorstehenden Seeschlacht zu treffen, auch wenn die Situation hoffnungslos erschien. Um die Übermacht der Feinde zu bekämpfen, müsste man die Feinde in eine lange Meerenge treiben, in welche die feindliche Flotte nur einlaufen könnte, wenn sie sich in kleinere Gruppen aufteilen würde. An der südlichen Küste kamen nur zwei Stellen, die für diese Strategie geeignet wären, in Frage: Kyonnaeryang und Myongnyang. Kyonnaeryang war bereits unter japanischer Kontrolle und so verlegte Yi sein Hauptquartier in aller Eile nach Myongnyang.

Myongnyang war eine Seepassage, welche die Japaner benutzen mussten, als sie von der Süd- zur Westküste und den Han Fluss hinauf vorrückten, um Seoul anzugreifen. Bedingt durch die Verengung der Passage steigt die Strömungsgeschwindigkeit deutlich an. Diese kann bis zu 10 Knoten erreichen (etwa 18 km/h) und gilt als die Stärkste von allen Passagen im Bereich der koreanischen Halbinsel. Yis Plan bestand darin, am Ende der engen und schnellen Passage von Myongnyang eine massive Unterwasserfalle zu installieren. Dieses Sperrwerk bestand aus einem Stahlseil, das mit einem Spill verbunden war. In diesem Seil würden sich die japanischen Schiffe verfangen und inmitten der starken Strömung miteinander kollidieren. Die Aufstellung der koreanischen Kriegsschiffe zu diesem Zeitpunkt erfolgte in Form eines flachen

---

[9] *Das Komplettwerk von Yi Soon-shin*, Band 9.

U. Die japanische Marine hingegen stelle sich V-förmig und tief gestaffelt auf. Ein Unterwasserhindernis war in diesem Fall eine wirkungsvolle Methode, die japanische Marine aufzuhalten.

Am 15. September 1597, einen Tag vor der entscheidenden Schlacht rief er alle seine Stabsoffiziere und Kommandanten der Schiffe zusammen und legte ihnen Folgendes nahe:

> Zu den Prinzipien der Strategie gehört: Derjenige, der zum Sterben bereit ist, wird leben, und derjenige, der leben will, wird sterben. Wenn ein Verteidiger einen wichtigen Zugang mit aller Kraft bewacht, kann er selbst 1000 Leuten das Fürchten lehren. Für Männer in Eurer Position sind diese Worte mehr wert als Gold. Ich erwarte von Euch, meine Befehle unbedingt zu befolgen. Wenn Ihr den Befehl verweigert, werdet Ihr streng nach dem Kriegsrecht verurteilt, selbst wenn es sich um einen kleinen Fehler handeln sollte.[10]

Am frühen Morgen des 16. September erhielt Yi die Nachricht, dass eine große Flotte der japanischen Marine sich seiner Basis nähere. Er rief alle Kommandanten dazu auf, den Eid der Tapferkeit abzulegen. Dann lichtete er die Anker und stach an der Spitze seines Verbandes in See, in der Absicht, mit seinen eigenen 13 Schiffen die gegnerische Flotte mit 330 Schiffen anzugreifen.

Die 13 Schiffe der koreanischen Marine standen den Feinden in Ilja-jin gegenüber. Ilja-jin ist eine der einfachsten Formationen. Dabei liegen die Schiffe in einer Linie quer nebeneinander mit dem Bug in Richtung Feind. Verständlicherweise war Yi mit nur 13 Schiffen nicht in der Lage, strategisch sinnvoll anzugreifen. So stand der einzigen Kampflinie der koreanischen Marine eine riesige feindliche Flotte von über 300 Schiffen gegenüber. Um zu überleben,

---

[10] *Kriegstagebuch*, 15. 9. 1507

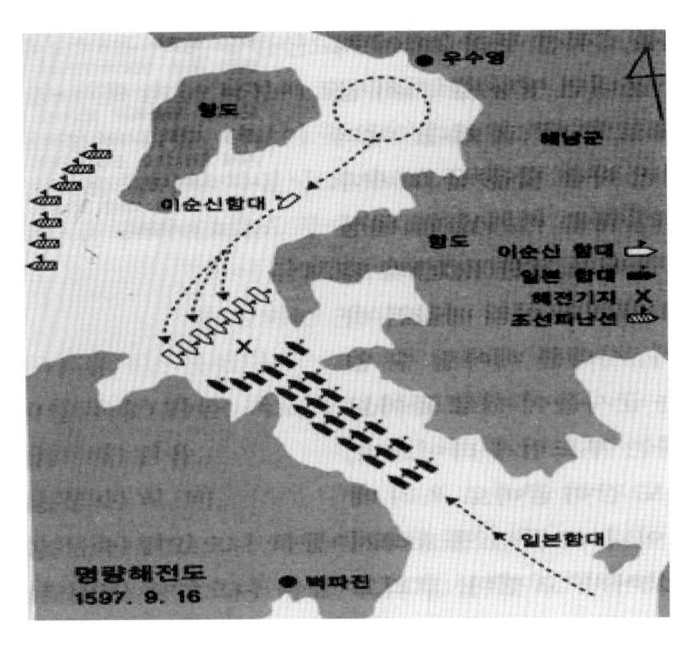

Seeschlacht von Myongnyang
Weiß = Koreanische Flotte
Schwarz = Japanische Flotte
Kreuz = Seeschlacht
Gestreift = Koreanische Fluchtschiffe

hätte man eigentlich sofort aufgeben müssen.

Mit Rücksicht auf die Enge des Kanals waren nur 130 japanische Schiffe in der Lage anzugreifen. Binnen Kurzem umzingelten sie Admiral Yis Flotte. Bei einer Übermacht von 10:1 begannen die geschlagenen Kommandanten der koreanischen Marine, heimlich abzudrehen. Das Flaggschiff von Yi beschleunigte allein in Richtung Zentrum der vorrückenden Feinde und beschoss diese furchtlos mit einem konstanten Hagel aus Brandpfeilen und Feuerwaffen. Als die japanische Flotte das Flaggschiff mehrfach einkreiste, ließen die Soldaten auf dem Schiff den Mut sinken und duckten sich wie erstarrt nieder. Yi machte ihnen in ruhigem Ton Vorhaltungen: „Obwohl der Feind mit seinen 1000 Kriegsschiffen angibt, wird er es nicht wagen, an uns heranzukommen. Fürchtet Euch nicht! Bekämpft den Feind mit all eurer Kraft!" Yi hielt nach seinen

Schiffen Ausschau, aber diese waren bereits achtern in einiger Entfernung abgefallen.

Er hisste die Kriegsflagge und zog das Rufsignal für seine Kommandanten auf, worauf diese sich dem Flaggschiff wieder näherten. Yi rief wütend zu einem der Kommandanten: „Willst Du vor ein Kriegsgericht gestellt und gehenkt werden? Denkst Du, Du kannst überleben, wenn Du fliehst?" Durch diese Worte ermutigt, rückten die Schiffe der Admiräle An und Kim in das Zentrum der Schlacht vor und kämpften verzweifelt. Als sie den unzähligen Feinden gegenüberstanden, die unaufhörlich herbeiströmten, waren sie bald erschöpft.

In diesem Augenblick kam durch einen glücklichen Zufall die Wende zum Guten. Auf dem Flaggschiff von Yi befand sich ein gefangen genommener Japaner mit dem Namen Toshsuna, der für Yi als Dolmetscher arbeitete. Als er auf die auf der Meeresoberfläche treibenden feindlichen Soldaten und Seeleuten herabblickte, entdeckte er einen Leichnam, der eine Uniform aus rotem Brokat trug. Es handelte sich um Kurushina, einen japanischen Admiral. Yi befahl sofort seinen Männern, den Leichnam zu bergen und an der Mastspitze seines Schiffes anzubringen, um diesen den Feinden zu präsentieren. Wie erwartet brachte der Anblick des toten Admirals Angst und Schrecken über die japanische Marine.

In diesem Moment wendete sich die Strömung in der Meerenge von Myongnyang, die sich vier Mal am Tag, also alle sechs Stunden ändert, gegen die japanische Marine und zugunsten der koreanischen Flotte. Dies brachte die Formationen von beiden Seiten in Unordnung. Yi übernahm schnell die Führung, und dadurch ermutigt, rückten die koreanischen Schiffe vor. Dabei schlugen sie die Trommeln und brachen in Kriegsgeschrei aus. Der japanische Flottenverband löste sich auf und begann zu fliehen. Indem Yi die Vorteile der neuen Meeresströmung, die Enge des Schlachtfeldes und die Schwerfälligkeit der gegnerischen Flotte, die sich jetzt als Schwäche anstatt als Stärke herausstellte, zugutekamen, trieb er die Feinde in eine chaotische Vernichtung.

Der Spill drehte sich und die Stahlseile wurden gespannt. Als sich die

Ruderblätter in den Stahlseilen verfingen, traten die japanischen Schiffe überstürzt den Rückzug an, gerieten dabei in die starke Strömung und kollidierten miteinander. Es herrschte ein großes Durcheinander. Die koreanische Marine attackierte die Feinde weiterhin mit Brandpfeilen und Kanonen. Schließlich wurden von den ursprünglichen 130 Schiffen, die in die Meeresenge von Myongnyang einliefen, 31 versenkt und weitere 90 schwer beschädigt. Die Koreaner verloren kein einziges Schiff. So wurde die Schlacht von Myongnyang von Yi gewonnen. Er schrieb in sein Tagebuch: „Wahrlich ein Segen des Himmels". Von nachfolgenden Generationen wurde dies als ein Wunder in der Kriegsführung der Marine angesehen.

3. Die Schlacht von Noryang: „Gebt nicht meinen Tod bekannt"

Die zweite japanische Invasion von 1597 in Korea wurde wiederum durch die hervorragende Präsenz von Yi zu See als auch von freiwilligen koreanischen Patrioten und Ming-Chinesen an Land zurückgeschlagen. Der Tod von Hideyoshi im August des folgenden Jahres führte dazu, dass die japanischen Streitkräfte aus Korea zurückgezogen werden sollten. Yi wollte in Zusammenarbeit mit der Marine der Ming-Chinesen, die zu diesem Zeitpunkt unter dem Kommando von Chen Lien standen, den Rückzug der Feinde blockieren.

Chen Lien jedoch wurde von Konish Yukinaga, einem japanischen General bestochen. Als Gegenleistung sollte er der japanischen Marine einen sicheren Rückzug nach Japan garantieren. Daraufhin versuchte er Yi zu überreden, den Gegnern den Seeweg nach Japan freizugeben. Jedoch war Yi absolut dagegen und stimmte diesem Plan nicht zu. Schließlich blieb Lien nichts anderes übrig als dem Plan zuzustimmen, die fliehenden Gegner anzugreifen. Während diese Pläne geschmiedet wurden, benachrichtigte Yukinaga seinen Kollegen Simath Yoshihiro, die gesamte japanische Flotte, die in Namhae und Pusan stationiert war, in Noryang zusammenzuziehen, um gemeinsam gegen die vereinigte Flotte von Yi und Lien vorzugehen und dann den Rückzug anzutreten.

Aus diesem Grund befahl Yi seinen Mannschaften, nach Noryang zu segeln und den Feind anzugreifen. Er verwickelte die Japaner in eine heftige Schlacht, in deren Verlauf 50 gegnerische Schiffe versenkt wurden. In der Morgendämmerung des darauf folgenden Tages begann die japanische Marine, die unfähig war, weiteren Widerstand zu leisten, in Richtung Kwaneumpo zu fliehen mit dem Ziel auf die offene See zu gelangen. Dabei stellten sie jedoch fest, dass sie von allen Seiten eingekreist waren. In dieser aussichtslosen Lage griffen die japanischen Schiffe das Flaggschiff von Yi an. Chen Lien erkannte, dass Yi in Bedrängnis war. Daraufhin durchbrach er die Umzingelung von Yi durch die Feinde und brachte ihn in Sicherheit. Als die Schlacht aber weiterhin

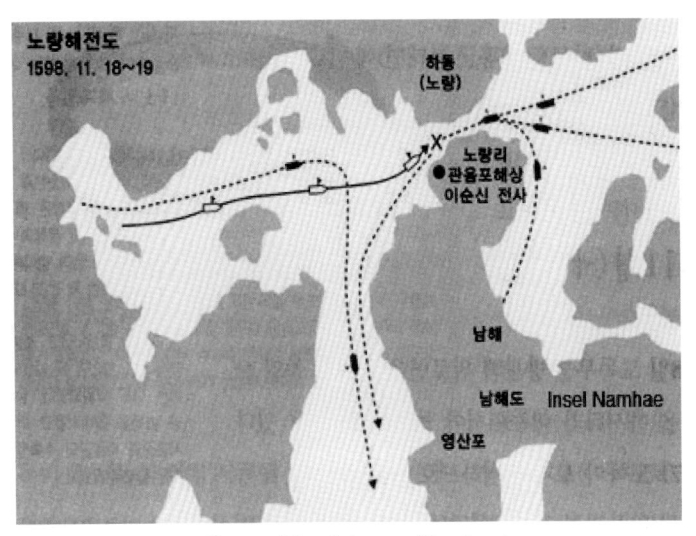

Seeschlacht von Norjang
Weiß = Koreanische Flotte
Schwarz = Japanische Flotte
Kreuz = Seeschlacht

anhielt, wurde Chen Lien plötzlich vom Gegner eingekreist. Nachdem Yi drei feindliche Generäle am Bug des Kommandoschiffes ausmachte, befahl er seinen Kanonieren, auf diese zu zielen. Dabei kam einer von den Dreien um. Als die einkreisenden Schiffe dies bemerkten, eilten sie dem Kommandoschiff zu Hilfe und Chen Lien war befreit. Die vereinigten koreanischen und chinesischen Seestreitkräfte attackierten die Japaner immer weiter und versenkten 200 von ihren Schiffen. Als Yi seine Leute anfeuerte, die restlichen Gegner mit einer letzten Anstrengung zu verfolgen, wurde er von einem Querschläger eines feindlichen Kriegsschiffes tödlich getroffen.

Er bat seine Männer, ihn mit einer Plane zu bedecken und sagte: „Die Seeschlacht ist auf ihrem Höhepunkt angelangt, sagt niemandem etwas von meinem Tod." Seine letzten Worte waren ein Vermächtnis seiner Loyalität für sein Land. Zur Seite standen ihm sein ältester Sohn Hoe und sein Neffe Won mit Bögen in ihren Händen. Sie hielten ihre Tränen zurück und setzen das

Schwingen der Fahne sowie das Trommelschlagen fort, um zu signalisieren, dass weiter gekämpft wird.

Die Seeleute von Admiral Yi kämpften tapfer weiter, bis der letzte Moment der Seeschlacht vorüber war. Am Ende konnten nur 50 von ursprünglichen 500 japanischen Schiffen entkommen. Dies war die Seeschlacht von Noryang, die letztendlich den Siebenjährigen Krieg zwischen Korea und Japan beendete.

V. Kobukson oder das "Schildkrötenschiff"

Das Kobukson, auch bekannt unter dem Namen „Schildkrötenschiff", war das erste mit Eisen bewehrte Kriegsschiff der Welt. Es wies eine unvergleichbare Feuerkraft und Manövrierfähigkeit auf. Damit bewährte es sich als Angelpunkt für die siegreichen Seeschlachten von Admiral Yi. Wie ein Panzer zur See konnte es eine große Anzahl von feindlichen Schiffen versenken und den Kampfgeist der koreanischen Seeleute aufrechterhalten, die so oft der japanischen Marine zahlenmäßig unterlegen waren.

Es sollte nicht etwa angenommen werden, dass Admiral Yi das Schildkrötenschiff allein erdacht und gebaut hat. Die Planung und die aktuelle Konstruktion dieses Schiffs erforderte die gemeinsame Anstrengung von vielen Menschen, insbesondere von Handwerkern und Marineoffizieren. Na Tae-yong spielte bei der praktischen Ausführung der Arbeiten eine wichtige Rolle, indem er die Pläne für das erste Schiff verwirklichte.

Überblick Kobukson

Die wichtigsten technischen Daten vom Kobukson, wurden von Yi Soon-shins Neffen, Yi Pun in seinem Buch Haeng Rok zusammengestellt.

Nachbau des Kobukson, War Memorial von Korea

1. Das Schiff war 34,2 m lang, 6,4 m hoch und 10,3 m breit. Es hatte ungefähr die gleichen Abmessungen wie das Panokseon, das Standard-Kriegsschiff der koreanischen Marine in der Zeit des Siebenjährigen Kriegs.

2. Der Bug hatte die Gestalt eines Drachenkopfs. Kanonenkugeln wurden durch das Maul abgefeuert.

3. Das Heck war wie der Schwanz einer Schildkröte ausgebildet. Zusätzlich waren unter diesem Schießscharten angebracht.

4. Das Dach aus Planken sah wie der Rücken einer Schildkröte aus, mit eisernen Spitzen versehen. Mittig zwischen den Spitzen befand sich ein kreuzförmiger Gang, der als Übergang über das Dach für die Mannschaft diente.

5. Auf jeder Seite des Decks befanden sich je sechs Schießscharten.

6. Während der Kampfhandlungen waren die Spitzen auf dem Dach mit Strohmatten bedeckt. Ein argloser Feind wurde bei seinem Versuch an Bord zu gelangen, aufgespießt.

7. Ein Angriff von Steuerbord oder Backbord wurde von Pfeilen und Kanonenfeuer abgewehrt, die von allen Seiten des Schiffs abgefeuert werden konnten.

8. Von innen kann man nach außen, aber von außen nicht nach innen sehen.

9. Es wurde eine Vielzahl von Schusswaffen einschließlich weitreichenden Kanonen eingesetzt, wie Chon (Himmel), Chi (Erde), Hyun (Schwarz) und Hwang (Gelb).

10. Auf diese Weise konnte dieses Schiff frei und unangreifbar inmitten Hunderter von feindlichen Schiffen manövrieren.

Detaillierte Beschreibung

Das Kobukson hatte am Bug einen Drachenkopf und am Heck den Schwanz einer Schildkröte. Es besaß zwei Decks, das untere für die Ruderer und die Lagerung von Vorräten, das obere für die Bogenschützen und die Kanoniere. Es wurde so konstruiert, dass die Seeleute draußen ihre Feinde sehen konnten, sie selbst jedoch unsichtbar blieben.

Zur Zeit der damaligen Seekriegsführung war es üblich zu versuchen, das feindliche Schiff zu entern und den Gegner in einen Zweikampf zu verwickeln. Das Kobukson wurde im Hinblick darauf entwickelt, diese Art des Angriffs besonders schwierig zu gestalten. Das Schiff war überdacht, wobei das Dach mit tödlichen Eisenspitzen übersät war, um sowohl die 45 Kämpfer als auch die 80 Nichtkämpfer zu schützen. Das Dach wurde häufig mit harmlos aussehenden Strohmatten zugedeckt.

Abweichend von anderen Kriegsschiffen hatte das Kobukson die Kanonen nicht nur an den Breitseiten, sondern auch an Bug und Heck stationiert. Damit erreichte man eine bis dahin unbekannte Präzision und Flexibilität in der Feuerkraft. Der Drachenkopf hatte nicht nur die Eigenschaft, brennende Pfeile und Kanonenkugeln „auszuspucken" sondern auch Schwefeldämpfe und Rauchwolken auszustoßen, um die koreanische Marine zur Durchführung von taktischen Manövern einzunebeln. Ferner wurden dadurch die abergläubischen japanischen Seeleute eingeschüchtert.

Etwas unterhalb vom Bug befand sich versteckt ein Wasserspeier, der als Angriffseinrichtung diente. Zusammen mit dem Drachenkopf bildete dieser das Geheimnis des Kobukson für die Taktik beim Rammen. In der Schlacht griff das Kobukson ein feindliches Schiff an. Wenn der Wasserspeier, der hier die Funktion eines Rammdorns übernahm, den Rumpf des Gegners aufbrach, konnten Kanonenkugeln aus dem Drachenkopf in die Öffnung des abdrehenden Schiffs geschossen werden. Darüber hinaus verbesserte der Wasserspeier auch den hydrodynamischen Wirkungsgrad, indem dieser die Wellen schnitt, wenn das Schiff Fahrt aufnimmt. Dadurch konnte die Rammgeschwindigkeit erhöht werden.[11]

Zwei weitere Eigenschaften machten das Kobukson für das taktische Vorgehen besonders geeignet. Erstens wurde es aus roten Pinienhölzern mit einem Durchmesser nicht kleiner als 12 cm gebaut. Der Vorteil dieses Holzes bestand darin, dass die Dichte mit 0,73 viel höher war als bei den üblichen Baumaterialien mit einer Dichte von 0,41 bis 0,47. Zweitens wurden beim Bau des Kobukson Holznägel verwendet. Im Gegensatz zu Eisen, das schnell rostet,

---

[11] Kim Tae-hoon, *The Two Faces of Yi Sun-sin* (Seoul: Changhae, 2004), 117-118.

nahmen die Holznägel Wasser auf und quollen. Mit der Zeit wurden die Verbindungen immer dichter. Das Kobukson wurde nach dem Prinzip erbaut, Stützbalken und die Dachkonstruktion mit Hilfe von Nut und Zapfen zu verbinden. Diese Bauart macht das Schiff stabiler und spannkräftiger.

Die japanischen Schiffe waren aus Holz mit einer geringeren Dichte hergestellt. Sie waren leicht und schnell. Aber die relative Schwäche des Holzes, den Rückstoß einer Kanone aufzunehmen, begrenzte die Anzahl der schweren Kanonen, die ein Schiff mit sich führen konnte. Folglich zogen sie also den Gebrauch von Musketen vor, die eine maximale Reichweite von 100 m aufwiesen. Das Kobukson war andererseits in der Lage, eine Reihe von unterschiedlichen Kanonen an Bord mitzuführen, einschließlich weitreichender Kanonen wie die Chon (Himmel) mit einer Reichweite über 500 m, die Chi (Erde), ihr etwas kleinerer Bruder mit einer Reichweite von 350 m und die Seung (Sieg), eine tragbare Kanone mit einer Reichweite bis zu 200 m.[12]

Das Kobukson hat acht Ruder mit je fünf Mann auf jeder Seite. Ein Anführer und vier reguläre Ruderer waren einem Ruder zugeordnet. Die gesamte Rudermannschaft bestand aus 80 Leuten. Während einer Schlacht wurde von allen Ruderern erwartet, dass sie konstant im Einsatz sind. Aber zu anderen Zeiten waren die Ruder zu zweit besetzt. Der Anführer befehligte seinen Kollegen, vorwärts oder rückwärts, schnell oder langsam, anzuhalten oder umzudrehen, je nachdem wie es der Schlachtverlauf erforderte. Diese innovative Arbeitsteilung verlieh dem Kobukson eine ungewöhnliche Bewegungsfreiheit nicht nur in Bezug auf die Geschwindigkeit, sonder auch für den Bereich der möglichen Manöver.

Die kämpfende Truppe an Bord des Kobukson wurde in drei Gruppen aufgeteilt: Schützen, Lader, (für die Ladung der Kanonen mit Kugeln und Schießpulver verantwortlich) und Bogenschützen. Auf diese Weise war es für das Kobukson möglich, einen ununterbrochenen Hagel von Kanonenkugeln und

---

[12] Yi Min-wung, *A Naval History of the Imjin War* (Seoul: Chungeoram, 2004), 52, 70.

Feuerpfeilen zu liefern, um rundum Verwüstungen innerhalb seiner Reichweite anzurichten.

Die Anzahl von Geschützstellungen war im Allgemeinen von Schiff zu Schiff unterschiedlich. Das Tong Je Young Kobukson, das im „Kompletten Werk von Yi Soon-shin" beschrieben wurde, hatte insgesamt 74 Stellungen: zwölf Stellungen an jeder Seite am Rücken der Schildkröte, 44 zu beiden Seiten auf dem gepanzerten Deck darunter, zwei oberhalb und unterhalb des Drachenkopfes usw.

Das Kobukson, das Ende des 16. Jahrhunderts entwickelt wurde, war ein einzigartiges Kriegsschiff, das nirgendwo sonst in der Geschichte der Marine zu finden war. Geplant mit gewissenhafter Sorgfalt und als Ergebnis einer sehr gründlichen wissenschaftlichen Forschung, zeichnete es sich durch unübertreffliche Struktur und hohen Wirkungsgrad aus. Darüber hinaus war es von großer Bedeutung, dass das Kobukson eine Verbesserung und eine Überarbeitung des Panokseon war, das bereits existierende Kriegsschiff Koreas, welches aufgrund sorgfältiger Studien zur hauptsächlichen Taktik der Japaner des Enterns entwickelt wurde.

Überreste des Kobukson sind in verschiedenen Nationalmuseen ausgestellt, beispielsweise im „War Museum" von Korea als auch in anderen Museen der Welt wie im „War Memorial Museum" in Washington D.C., USA, im „Maritime Museum" von England und in vielen anderen Ländern einschließlich China, Japan, Deutschland, Frankreich, Kanada.

VI. Das Kriegstagebuch von Yi Soon-shin

Yi Soon-shin führte in seinem Tagebuch sorgfältig die täglichen Ereignisse auf. Dieses Tagebuch enthält nach seinem Abschluss 2539 Einträge mit privatem und dienstlichem Charakter. Ferner enthält es eine Darstellung seines Lebens in den Heerlagern während des Siebenjährigen Kriegs. Der erste Eintrag ist vom 1. Januar 1592, dem Tag, an dem er zum Admiral der Cholla-Provinz ernannt wurde. Der Letzte erfolgt am 17. November 1598, zwei Tage vor seinem Tod in der Schlacht von Noryang. Zwei Exemplare des Tagebuchs sind uns erhalten geblieben: Eines ist das Original (Nationalschatz Nr. 76), aufbewahrt im „Asan Memorial Shrine" und die zweite findet man in „The Complete Works of Yi Soon-shin", ein Werk im königlichen Auftrag erstellt und 1795 von Yoon Haeng-im, unter der Regierung von König Cheong Cho XIX, herausgegeben. Admiral Yi gab seinem Tagebuch keinen offiziellen Namen, aber es ist unter dem Namen „Kriegstagebuch" (auf Koreanisch „Nangjung Ilgi") bekannt, da Yoon es als einen geeigneten Titel betrachtete, als er seine „Complete Works" herausgab.

Das Kriegstagebuch ist eine Quelle von ungewöhnlicher historischer Bedeutung, da seine detaillierten Texte uns mit sehr zuverlässigen Informationen über den Verlauf und die Ereignisse während des Siebenjährigen Kriegs versorgen.

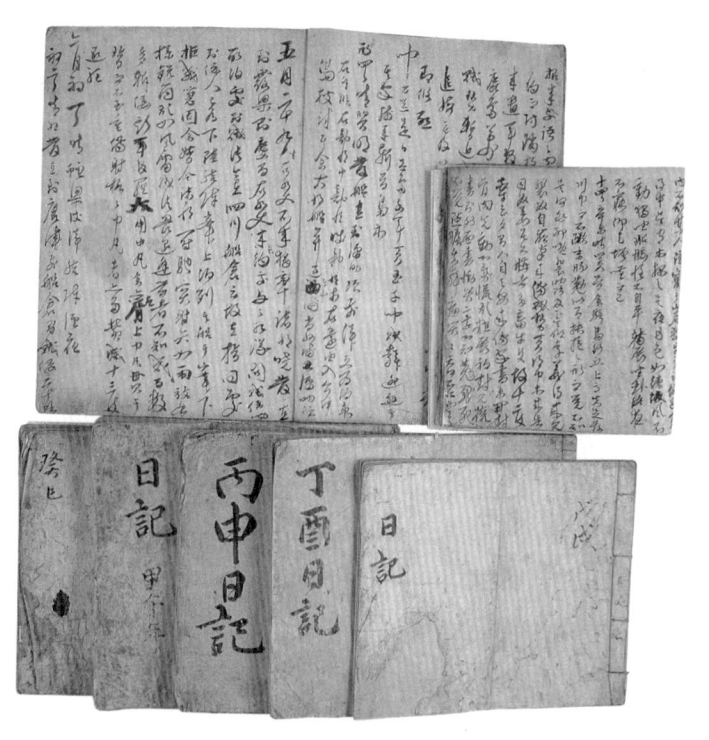

Das Kriegstagebuch von Yi Soon-shin

Die Aufzeichnungen sind Quelle des heutigen Wissens über den Verstand und Charakter eines Helden, der vor fast einem halben Jahrtausend Korea vor dem Untergang gerettet hat.

Das Kriegstagebuch liefert eine lebendige Beschreibung des täglichen Lebens von Admiral Yi, der militärischen Angelegenheiten, der geheimen strategischen Treffen, der gesellschaftlichen Besuche von Freunden, Familie und Kollegen. Das Tagebuch enthält ebenso Berichte über Feiern, Belohnungen und Bestrafungen sowie Korrespondenz und persönliche Gedanken über den Zustand des Landes. Gründlichkeit im Detail, Geradlinigkeit und Treue geben den wahren Geist eines Kriegers wieder. Die energische Strichführung des Tagebuches offenbart die Würde der Seele des Autors und erhebt es zu einem echten Kunstwerk.

VII. Leben und Tod von Admiral Yi Soon-shin

Das Leben und die glänzenden Errungenschaften von Yi Soon-shin fielen in eine Zeit von großer Not und ständigen Feindseligkeiten. Sein Land befand sich in der Krise und die Bevölkerung litt. Nach außen hin hatte er mit den Japanern zu kämpfen, nach innen hatte er es mit Eifersüchteleien und misslichen Verleumdungen seitens des Königs und seinem Hof zu tun. Der Krieg, an dem er teilnahm, war ein verzweifelter Kampf, von dem das Schicksal seiner Nation abhängig war. Er trug eine große Verantwortung, zumal er fast nicht materiell oder militärisch von der Zentralregierung oder den Regionalregierungen unterstützt wurde.

Das Einzige, was Yi von der Regierung erhielt, war die Ernennung zum Tongjesa, dem höchsten Kommandanten der Marine. Die machte ihn sofort zur Zielscheibe von politischen Gegnern und Intrigen, was ihm später die Degradierung und Gefangenschaft einbrachte. Die Regionalregierungen waren offiziell dazu verpflichtet, die Marine bei einer Schlacht zu versorgen. Durch die ständige Landflucht der Farmer und die nicht zu korrigierende Käuflichkeit der Regionalbeamten war es nahezu unmöglich, die erforderlichen Güter einzusammeln und zu verteilen. Das Ergebnis war selbstredend. Im Jahre 1593 litt die koreanische Marine in ihrem Camp in Hansan unter einer großen Hungersnot. Etwa 600 Seeleute starben an Hunger (was ungefähr 10% der gesamten Mannschaften entsprach), der Rest litt an Unterernährung und ernsthaften Krankheiten. Unter diesen Umständen war es für Admiral Yi in der Tat eine schwere Aufgabe, eine ausreichende Anzahl von Männern zu finden, die für ihn kämpfen würden.[13]

Die Aufgaben von Yi erschöpften sich nicht darin, seine Leute in Schlachten zu befehligen. Er war auch verantwortlich für Proviant, militärischem Nachschub, Verteilung, Rekrutierung, die Versorgung von Verwundeten, Schiffbau, Herstellung von Kanonen und Munition, aber auch Landwirtschaft, Salzproduktion und das Problem ständig steigender Kosten. Kurzum, er musste sich um alle Aspekte der Kriegsführung kümmern. Die Regierung, mittlerweile weit davon entfernt ihn zu unterstützen, stellte an sein Heerlager sogar manchmal Hilfsgesuche für den königlichen Hof für Papier und Waffen.

Der politische Misserfolg von Yi reicht zurück in eine Zeit vor seinem Eintritt in die königliche Marine, als er seine Kariere als junger Offizier begann. Seine vielversprechende Karriere wurde plötzlich unterbrochen, als er im Alter von 46 Jahren unschuldiges Opfer eines bitteren Kampfes zwischen den zerstrittenen Parteien am Hof wurde. Yi Soon-shin war ein Mann, der nur seinem Land und seinen Prinzipien treu war. Für ihn hatten persönlicher Ruhm und Einfluss nur geringe Bedeutung, und er unternahm keine Anstrengung, für sein eigenes Wohl zu kämpfen. Ein Mann von diesem Zuschnitt war natürlich ein Dorn im Auge der korrupten Politiker, die seine Zeitgenossen waren. Der wirkliche Grund für die Anklage von Yi Soon-shin in Hansan bezog sich auf seinen aufrechten Charakter. Offiziell wurden ihm jedoch folgende Punkte vorgeworfen:

(1) Betrug und Verachtung des Throns und seinem Hof.
(2) Landesverrat, weil er nicht einen sich zurückziehenden Feind angegriffen hatte.
(3) Aneignung der Verdienste Anderer und Verleumdung Unschuldiger.

---

[13] Kim Hoon, "Leadership of Conversion: From Death to Life," *A Collection of theses on Yi Sun-sin*, vol. 2 (Asan: Admiral Yi Sun-sin Research Institute, 2004).

(4) Nichtbefolgung von königlichen Anweisungen.

Diese schwerwiegenden Anklagepunkte beruhten auf dem zerrütteten Verhältnis zu General Won Kyun, das bald nach Kriegsausbruch offenbar wurde. Ein weiterer Grund waren die Bemühungen des japanischen Doppelagenten Yoshira, Admiral Yi auszuschalten, um den Rückzugsweg der Japaner freizuhalten.

Sieben königliche Versammlungen fanden statt, um Yis Schicksal zu besiegeln. Die Diskussionen zwischen den Hofbeamten wurden vom königlichen Sekretär (Sonjo Sillok) aufgezeichnet. Daraus ist zu entnehmen, dass König Sonjo bereits entschieden hatte, Yi töten zu lassen und dass er fortwährend mit subtilen Einwänden die Beschlüsse des Gerichtshofs hintertrieb.[14] Die Anhänger des Admirals konnten jedoch den König überzeugen, dass die Hinrichtung eines Admirals zu Kriegszeiten nur im Interesse des Feindes sein kann. Auf diese Weise entkam Yi knapp der Todesstrafe, wurde aber weiterhin eingekerkert. Als die zweite japanische Invasion stattfand, fand sich Yi selbst als kämpfender Fußsoldat wieder. In einer strengen Hierarchie wie die der Chosun-Dynastie in Korea war die Degradierung vom höchsten Kommandeur der Marine zu einem gewöhnlichen Soldaten eine der schlimmsten Erniedrigungen – eine Strafe noch schlimmer als die Todesstrafe.

Es ist ein Vermächtnis für die edle Natur von Yi Soon-shin, dass in seinem Tagebuch weder diese Torturen und Demütigungen noch die politischen Intrigen und Verfolgungen erwähnt wurden. Auch findet man in der Literatur über ihn keine Hinweise auf sein Unglück und seine Ungnade. Er hinterließ keine Aufzeichnungen oder Kommentare bezüglich seiner Ehrverletzung und Entlassung. Obwohl er ein in Ungnade gefallener Soldat war, bewahrte er sein Schweigen. Als er nach der katastrophalen Niederlage von Won Kyun mit nur 13 Schiffen gegen eine feindliche Flotte mit 330 Schiffen kämpfen musste, tat er

---

[14] *Sonjo Sillok*, 13. 3. 1597.

stillschweigend seine Pflicht ohne irgendjemanden zu blamieren.

Yi, der als Admiral wieder berufen worden war, rettete mit seinem großen Sieg in der Seeschlacht von Myongnyang noch einmal Choson-Korea. Sobald dieser bekannt wurde, waren das ganze Volk, die Hofbeamten und sogar die Generäle von Ming-China sehr überrascht und sie freuten sich sehr. In dieser Zeit schickten die Japaner, die eine vernichtende Niederlage erlitten hatten, 50 Soldaten nach Yis Haus in Asan, um sich zu rächen. Sie brannten das Haus nieder und plünderten die Nachbarhäuser. Die anderen Familien konnten in die naheliegenden Berge fliehen und sich retten. Der dritte Sohn von Yi, Myon, blieb zurück und kämpfte gegen sie mit Schwert und Bogen. Dabei tötete er drei japanische Soldaten, leistete bis zum Ende Widerstand und verlor dabei sein Leben. Er war gerade 21 Jahre alt. Der Tod seines geliebten Sohnes hinterließ eine tiefe Wunde in Yis Herz und seine Gesundheit litt darunter.[15]

Die Aufgabe, seine Leute anzuführen und im Griff zu haben, war niemals leicht. Die Verbrechen von Raub, Vergewaltigung, Ungehorsam, Meuterei, Trunkenheit, Fahnenflucht, Verrat von militärischen Geheimnissen, ungünstige

---

[15] Yi Soon-shin beschrieb seinen schmerzlichen Kummer über den Tod seines jüngsten Sohns in seinem Tagebuch wie folgt: wie konnte der Himmel so unbarmherzig sein. Es ist als ob mein Herz dabei wäre, verbrannt und in Stücke zerrissen zu werden. Von der Natur her ist es so, dass ich derjenige bin, der sterben sollte und du derjenige bist, der noch leben sollte. Wie unrecht die Natur hat, zeigt sich daran, dass du tot bist und ich noch am Leben bin. Der Himmel und die Erde scheinen mir dunkel und auch die Sonne hat ihre strahlende Farbe verloren, ach wie traurig. Mein Sohn wo bist du jetzt, warum hast du mich verlassen? Ist es weil du so eine hervorragende Persönlichkeit bist, dass der Himmel nicht willig ist, dich in der Welt zu lassen, oder es ist so weil es meine Sünde ist, dass dieses große Unglück dich befallen hat. Wenn ich mein Leben in dieser Welt fortsetze, an wen kann ich mich dann wenden? Ich wünschte mir, mit dir im Grab vereint zu sein und zu weinen. Aber wenn dem so wäre, hätten deine Brüder, Schwester und deine Mutter niemanden, an den sie sich wenden könnten. So ertrage ich noch mein Leben, aber mein Herz ist ohne dich bereits tot und ich bin seelenlos. Eine Nacht zu verbringen scheint mir, als ob ich ein Jahr lang verbringe. (Kriegstagebuch, 14.10.1597). Es ist genau der vierte Tag, seit dem ich die Nachrichten über den Tod meines jüngsten Sohnes gehört habe. Ich war nicht in der Lage, unbekümmert frei zu weinen. So ging ich zum Haus von Kang Makji, dem Salzsieder und weinte (16. Oktober 1597). Yi konnte nicht seinen Kummer in der Gegenwart seiner Seeleute zeigen, so weinte er befreit im Haus von Kang, dem Salzsieder.

Rekrutierungen, Spionage, Verbreitung von falschen Gerüchten – all diese Dinge fanden statt wie in allen Heerlagern in Kriegszeiten.

Yi Soon-shin brachte jedoch seine Männer dazu, den erbärmlichen Zustand der koreanischen Marine als Realität anzusehen. Niemals akzeptierte er eine Entschuldigung, den Blick davon abzuwenden. Er teilte mit seinen Leuten den festen Glauben daran, dass „Wer den Tod sucht, der wird leben und wer das Leben sucht, der wird sterben". Er setze diesen Glauben in die Tat um, indem er immer seine Männer bei einer Schlacht aus der vordersten Stellung heraus befehligte. Ein Resultat dieser mutigen Vorgehensweise war, dass er in der Schlacht von Sacheon verwundet wurde.

Während seiner gesamten Karriere kämpfte Yi Soon-shin im Angesicht des Todes für sein Land und seine Leute. In der letzten Schlacht dieses Krieges opferte er schließlich sein Leben.

VIII. Schlussbemerkung

> „Alleine bei einer brennenden Kerze sitzend, dachte ich an den gegenwärtigen Zustand unserer Nation. Dabei liefen mir die Tränen über meine Backen."
> -Kriegstagebuch, 1. Januar 1595

Manchmal brach er in Tränen aus, als er den Zug seiner hungernden Soldaten beobachtete. Er opferte sich selbst auf und kümmerte sich um die Nöte seiner Soldaten mehr als um seine eigenen Nöte. Er widmete ihnen seine ganze Liebe. Mit seiner kompromisslosen Treue, seinem unerschütterlichen Willen und unerschrockenen Mut rettete er ein Land, dessen Führungsspitze in den Kriegswirren verloren war.

Er hielt sich streng an eherne Prinzipien, setzte schlechten Gewohnheiten ein schnelles Ende und führte seine Leute mit sorgfältigen vorangegangenen Vorbereitungen und Pioniergeist an.

Er besaß eine unerschütterliche Überzeugungskraft, erreichte in Schlachten mithilfe einer brillanten Taktik und Strategie wiederholt Erfolge und gewann durch seine selbstlose Hingabe das absolute Vertrauen seiner Leute.

Er hatte weder eine erfahrene, gut trainierte Marine wie Admiral Togo und Admiral Nelson, noch wurde er selber als Admiral ausgebildet.

Sein Land war klein, schwach und unfähig, ihn zu unterstützen.

Sogar die Götter waren von seinem edlen Geist und seiner Treue angetan und er errang den legendären Rekord von 23 aufeinanderfolgenden Siegen.

Er baute Früchte auf unfruchtbaren Boden an, er machte das Unmögliche möglich. In der Tat erschuf er alles aus dem Nichts.

Für die Koreaner ist er nicht nur ein Held, sondern ein heiliger Held.

Anhang

- Die Kriegsschiffe und Waffen von Korea und Japan

- Perspektivische Ansicht Kobukson

- Strategie und Taktik von Admiral Yi Soon-shin

- Yi Soon-shin: Sein Andenken und Einfluss im heutigen Korea

- Seeschlachten von Admiral Yi Soon-shin

Die Kriegsschiffe und Waffen von Korea und Japan

Während des Siebenjährigen Krieges nutzte die koreanische Kriegsflotte *Panokseon* und *Kobukson* als Kriegsschiffe. *Panokseon* war die Hauptstütze der Marine, während ein bis drei *Kobukson* als Angriffsschiffe verwendet wurden. Die Schiffe der japanischen Flotte setzten sich aus den riesigen *Atake*, den mittelgroßen *Sekibune* und den kleineren *Kobaya* zusammen. Das *Atake* diente als das Flaggschiff, auf welchem sich alle befehlshabenden Admiräle befanden. Das mittelgroße *Sekibune* umfasste den größeren Teil der restlichen Flotte.

Ein entscheidendes Merkmal des koreanischen *Panokseon* waren seine vielfachen Decks. Die nicht kämpfende Besatzung hielt sich zwischen dem Hauptdeck und dem oberen Deck auf, weit entfernt vom feindlichen Feuer. Die kämpfende Besatzung war auf dem oberen Deck stationiert, was von Vorteil war, da sie den Feind von einem höheren Ausgangspunkt aus angreifen konnten. Die Schiffe der japanischen Flotte waren meist welche mit einem einzelnen Deck, mit Ausnahme der *Atake*.

Im Einklang mit der traditionellen Bauart koreanischer Schiffe hatte das *Panokseon* einen flachen Rumpf. Diese Eigenschaft beruhte auf der Beschaffenheit der koreanischen Küstenlandschaft, welche von einem sehr starken Tidenhub und einem flachen weitreichenden Wattenmeer geprägt war. Die flache Unterseite des Schiffs erlaubte diesem, stabil im Watt aufzusitzen, wenn die Flut nach dem Anlegen zurückging. Der flache Boden gewährleistete außerdem größere Beweglichkeit und einen nur leichten Tiefgang. Ebenso war es dem Schiff möglich, kurzfristig scharfe Richtungsänderungen vorzunehmen. Dieses *Panokseon* war eines der Hauptgründe, warum Admiral Yi es schaffte, die Kranichflügel-Formation während der Hansan-Schlacht so erfolgreich einzusetzen.

Im Gegensatz dazu waren die Rümpfe der japanischen Wasserfahrzeuge in V-

Form geschnitten. Die spitze Unterseite war wegen des niedrigen Rumpfwiderstandes günstig für zügige und weite Reisen. Da jedoch diese Art von Rumpf einen größeren Tiefgang hatte, war der Kurvenradius erheblich größer und dadurch jede Richtungsänderung ein langatmiger Prozess.

Koreanische und japanische Schiffe benutzten beide Segel und Ruder. Es gab zwei verschiedene Arten von Segeln: rechteckige und Lateinersegel. Die rechteckigen Segel zeigen eine starke Leistung in Windrichtung, aber mühen sich luvwärtig. Hingegen arbeiten die Lateinersegel hervorragend gegen den Wind, obgleich es dazu der Hilfe einer großen Schiffsbesatzung bedarf. Im Westen wurden die rechteckigen Segel auf den Galeeren der alten Griechen und auf den Wikingerschiffen benutzt, und die Lateinersegel erst später auf den mediterranen Schiffen des späten Mittelalters. Als im 15. Jahrhundert das Zeitalter der Entdeckung begann, tauchten schließlich Schiffe mit mehreren Masten und beiden Arten von Segeln auf. In Korea waren solche Schiffe bereits seit dem 8. Jahrhundert in Gebrauch. Das *Panokseon* und das *Kobukson* hatten daher standardmäßig zwei Masten. Zudem konnten ihre Positionen und Winkel einfach gesetzt werden, sodass die Segel bei jedem Wind zu gebrauchen waren, egal ob günstig oder ungünstig[16]. Das *Atake*-Schiff der japanischen Kriegsflotte hatte auch zwei Masten, jedoch hatte der Hauptteil Rahsegel, welche nur bei günstigem Wind benutzt werden konnten.

Es bietet sich auch an, die Rümpfe der Kriegsschiffe der jeweiligen Nationen und ihre relative Beanspruchbarkeit zu vergleichen. Beim Bau des *Panokseon* wurden dicke Bretter mit hoher Dichte verwendet, welche dem Gerippe des

---

[16] Korea benutzte seit der Shilla Dynastie (BC 57 – AD 935) Schiffe mit mehreren Masten. Ein japanischer Bericht bestätigte, dass die Schiffe von Baek Je und die Handelsschiffe des Chang Bo-Go aus Shilla mehrere Masten verwendeten. Die hervorragende Ausführung solcher Schiffe wurde auch in China bekannt. Ein alter chinesischer Text mit dem Titel *Verteidigung der Meere: Eine Diskussion,* stellte fest, dass das Schildkrötenschiff von Korea seine Segel je nach Bedarf setzen oder streichen kann und sich gegen den Wind ebenso leicht bewegen kann wie bei Niedrigwasser.

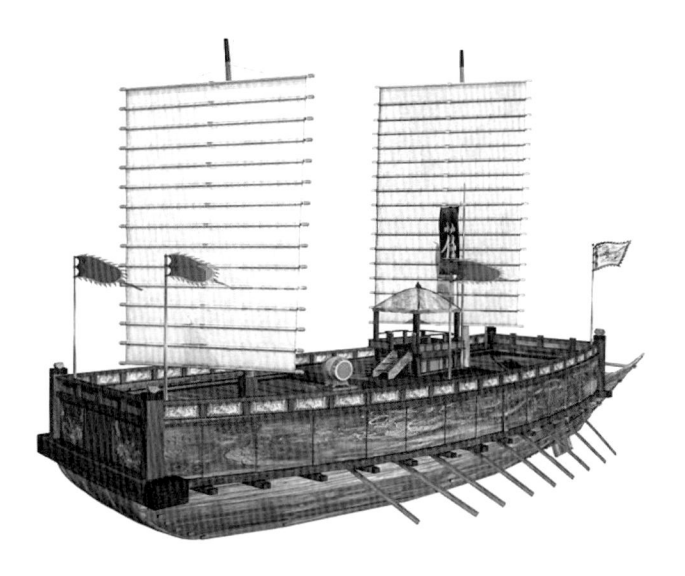

Das Koreanische Panokseon

Schiffes eine allgemeine Festigkeit verliehen. Japanische Kriegsschiffe waren labiler, da sie aus Holz gebaut wurden, das dünn war und eine geringere Dichte hatte[17]. Speziell das *Sekibune*, das standardmäßige Kriegsschiff der japanischen Flotte, wurde so leicht wie möglich gebaut, um seine Fahrt zu beschleunigen, jedoch auf Kosten der Standsicherheit.

Das Panokseon wurde nicht nur aus dickerem Holz gebaut, sondern das allgemeine Gerippe wurde durch Holznägel, passende Einbuchtungen und ineinandergreifende Zähne zusammengehalten. Wenn die Bretter dann durch das

---

[17] Traditionell wurden in Korea als Bauholz für den Schiffsbau Pinienhölzer benutzt. Häufig wurde als Verstärkungsmaßnahme Eichenholz eingesetzt. Koreanische Pinien weisen oft Astlöcher auf und sind krumm. Da es gefährlich war, aus solch einem Baum dünnes Bauholz zu gewinnen, wurde es zu dicken Brettern verarbeitet, um damit die Festigkeit zu verstärken. Die traditionellen japanischen Schiffe wurden üblicherweise aus japanischer Zeder oder Tanne hergestellt, die leichter und einfacher als Pinien zu verarbeiten waren. Schließlich ist festzustellen, dass traditionelle japanische Schiffe aus Holz hergestellt wurden, das dünn und akkurat verarbeitet wurde. Aber streng genommen haben Zeder und Tanne den Nachteil, eine geringere Festigkeit als Pinien zu haben. Zusammen fassend kann man sagen, dass japanische Schiffe aus dünnen Brettern mit geringer Festigkeit und koreanische Schiffe aus dicken Brettern mit hoher Festigkeit hergestellt wurden.

Das Japanische Atake

Absorbieren von Wasser aufquellen, wurde die gesamte Integrität des Rumpfes verstärkt. Beim Bau der japanischen Schiffe hingegen wurden Metallnägeln verwendet, welche mit der Zeit durch einsetzende Korrosion und Rost den Schiffskörper schwächten.

Dieser Unterschied in den baulichen Maßnahmen, welche auch Einfluss auf die Anzahl der Kanonen hatten, die an Bord transportiert werden konnten, wappnete Japan und Korea für verschiedene Arten von Seeschlachten. Da die japanischen Schiffe nicht die Festigkeit besaßen, dem Rückstoß der Geschütze standzuhalten, konnte sogar das größte Schiff nicht mehr als drei Kanonen transportieren. Da die Rümpfe der koreanischen Schiffe aber stark genug waren, war es möglich, eine große Anzahl an weitreichenden Kanonen mitzuführen. Diese konnten ganz leicht am oberen Deck des *Panokseon* aufgestellt und ihre Winkel nach Belieben konfiguriert werden, um die Reichweite zu vergrößern.

Da die japanischen Schiffe nur eine limitierte Anzahl an Kanonen mit sich transportieren konnten, benutzten die Matrosen hauptsächlich Musketen, die eine Reichweite von 100 bis 200 m hatten. Die Koreaner hingegen hatten verschiedene Arten von Kanonen an Bord, mit den Namen *Himmel*, *Erde*, *Schwarz* und *Gelb*. Sie feuerten mit *Daejon*, einem langen, dicken Pfeil mit der Form einer Rakete, mit einer Reichweite von 500 m und *Chulwan*, ein Kanonenschuss, der bis zu 1 km weit reichen konnte. Die koreanische Flotte benutzte auch *Wangu*, eine Art Minenwerfer, der Steine oder Granaten mit einem Durchmesser von 20 cm verschießt.

Ein anderer bemerkenswerter Aspekt der koreanischen Feuerwaffen ist, dass sie gar nicht für den plötzlichen Ausbruch eines Krieges erfunden worden sind. Tatsächlich wurden diese Waffen schon 200 Jahre vor dem Siebenjährigen Krieg erfunden. Dank der Bemühungen eines Mu-son Choi, General und Chemiker, der Schießpulver aus China einführte, begann Korea Kanonenpulver und Feuerwaffen zu entwickeln und zu produzieren. Koreanische Kanonen wurden erstmals mit großem Erfolg 1380 gegen eine große Flotte von japanischen Piratenschiffen eingesetzt. Im Vergleich dazu war die erste mit Kanonen geführte Seeschlacht in Europa die Schlacht von Lepanto, etwa 200 Jahre später (1571).

Im 15. Jahrhundert verbesserte sich unter König Sejong, der selbst ein Pionier der Forschung war, die Leistung der schweren Artillerie grundlegend. Nachdem er einen Kanonenschießplatz direkt neben dem Königshof gebaut hatte und viele Experimente und Untersuchungen vorgenommen hatte, war es ihm möglich, die Reichweite der Kanonen von 300 m auf 1800 m auszudehnen. Ebenfalls zu dieser Zeit wurden Seekanonen entwickelt; zu ihnen gehörten auch *Himmel*, *Erde*, *Schwarz* und *Gelb*, welche später von Yi Soon-shin eingesetzt wurden. Nach König Sejong ging die Entwicklung der Artillerie stetig voran und schließlich wurde *Bikeokjinchonlae* erfunden, eine Höllenmaschine, die bei Explosion Tausende von Metallscherben herausschleudert. Außerdem erfanden die Koreaner *Dapoki*, eine Maschine, die viele Pfeile gleichzeitig abschießen konnte.

Die hauptsächliche Seestrategie der Japaner war, einfach ein Boot zu entern, wobei die Matrosen versuchten, an Bord zu kommen und einen Schwertkampf auf dem Deck zu beginnen. Das Konzept der japanischen Seeflotte war also eher die eines direkten Kampfes zwischen den Besatzungen der Schiffe als zwischen den Wasserfahrzeugen selbst. Dies war damals die üblichste Seestrategie der Welt und unter den Europäern dieser Zeit. Jedoch führte die koreanische Kriegsmarine, welche bessere Kriegsschiffe und Feuerkraft einsetzte, eine modernere Art von Seekrieg.

Tabellarischer Überblick über die Unterschiede zwischen koreanischen und japanischen Kriegsschiffen

	Koreanisches Kriegsschiff	Japanisches Kriegsschiff
Rumpf	U-Form mit einem ebenen Boden Dank dem kleinen Wenderadius schnelle Richtungsänderung möglich	V-Form Höhere Geschwindigkeit, aber größerer Wenderadius
Besatzung	Panokseon: 120-200 Kobukson: 150	Atake: 200-300 Kwanseon: 100 Kobaya: 40
Geschwindigkeit	3 Knoten	Mindestens 3 Knoten
Segel	Mehrere Masten: Die Segel können in Windrichtung und dagegen benutzt werden	Rahsegel: nur in Windrichtung
Holzart	Kiefer und Eiche	Japanisches Zedernholz und Fichte
Verbindungen	Holznägel: Quellen im Wasser auf und festigen die gesamte Struktur des Schiffs	Metallnägel: Korrodieren im Wasser und schwächen die Struktur des Schiffs
Hauptsächliche Waffen	Schwere Artillerie: 500 m Reichweite Brennende Pfeile	Musketen: 200m Reichweite Speere, Schwerter, Pfeile
Angriffsmethode	Durchbrechen des feindlichen Schiffskörpers, Inbrandsetzen und Versenken des feindlichen Schiffs	Angreifen und Entern, Töten und Verwunden der feindlichen Besatzung

Perspektivische Ansicht Kobukson I

61

Perspektivische Ansicht Kobukson II

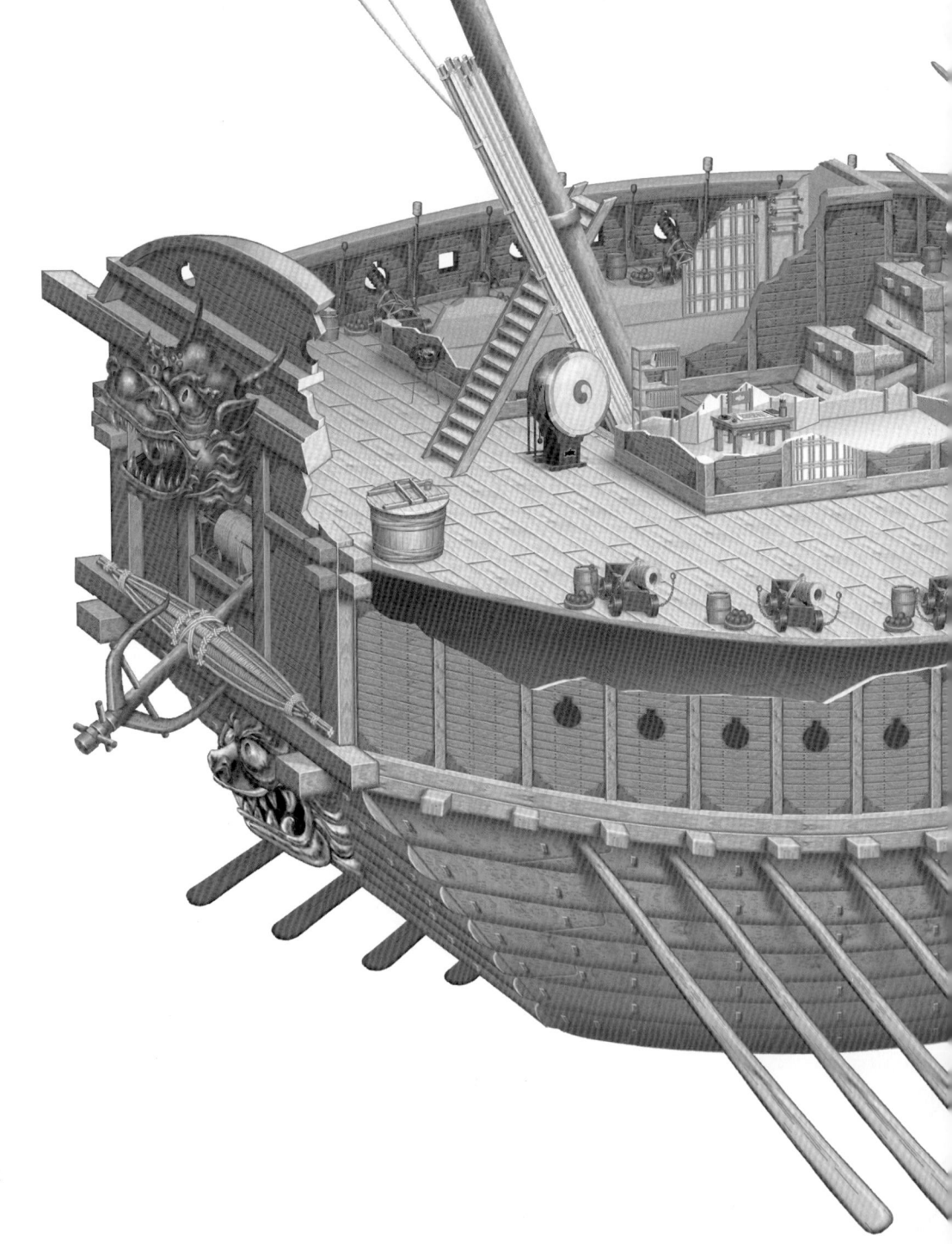

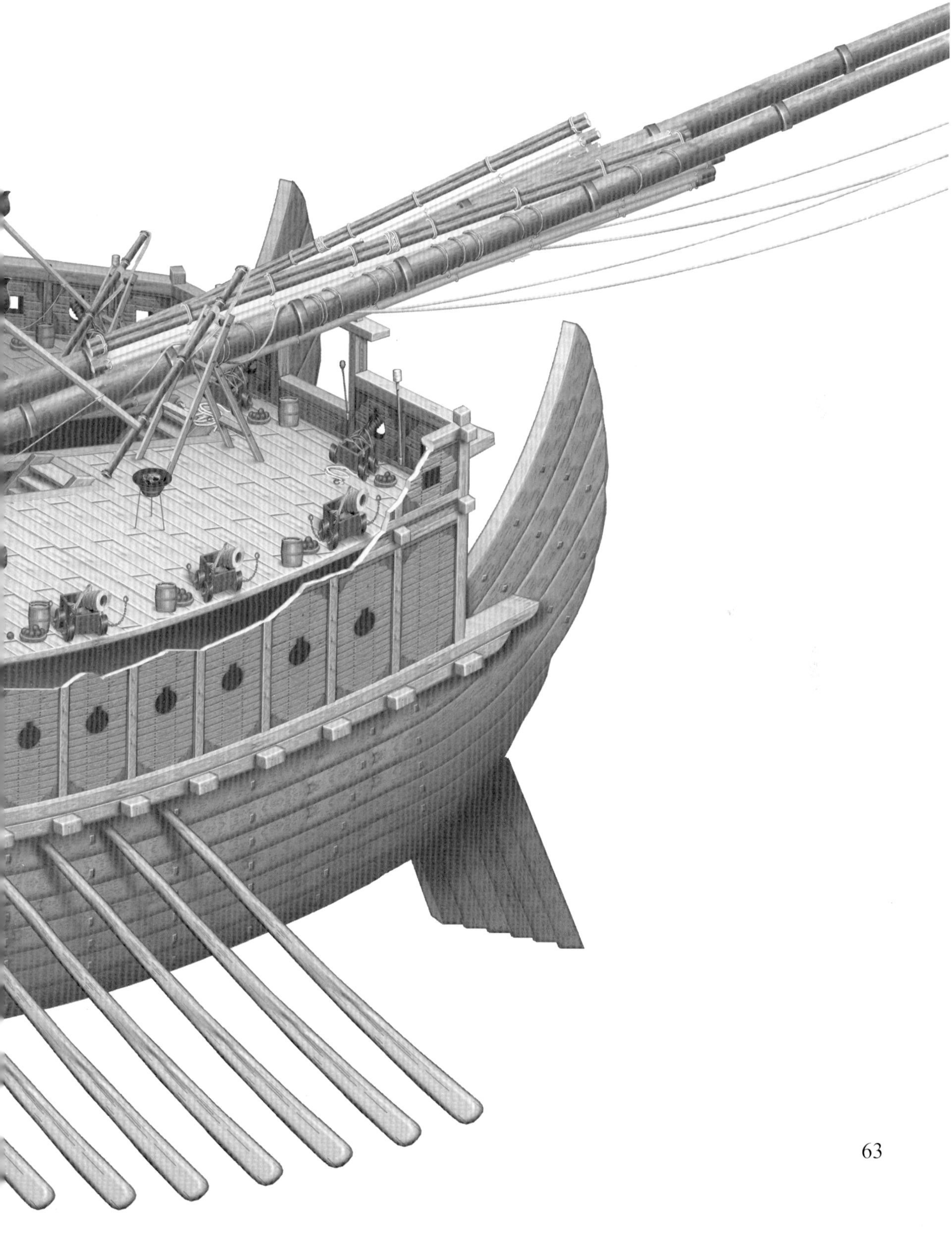

Strategie und Taktik von Admiral Yi Soon-shin

1. Sorgfältige Vorbereitungen und intensives Training

Admiral Yi unterzog seine Männer stets einem intensiven Training in Bogenschießen, Artillerie und gewöhnlichen Seemanövern und Aufstellungen. Er war es auch nicht müde, immerzu neue Waffen und Schiffe zu produzieren. Beispielsweise hatte er einmal nur ein Jahr nach der Schlacht bei Myongnyang, die er mit bloß dreizehn Schiffen austrug, 70 weitere Schiffe gebaut – das entspricht einem Schiff in fünf Tagen.

2. Sorgfältige Studien der Beschaffenheit des Schlachtfelds und seine räumliche Anordnung

Die Südküste Koreas, welche ein Schauplatz heftiger Seeschlachten zwischen Korea und Japan während des Siebenjährigen Krieges war, kam einem maritimen Labyrinth gleich, bestehend aus unzähligen Inseln und kleinen Buchten. Überdies war die Strömung dort sehr stark und die lang ausgedehnte Küste bot ein komplett anderes Erscheinungsbild, je nachdem ob Flut oder Ebbe war. Yi stellte bezüglich der Strömungen und Winde sorgfältige Untersuchungen an. Ebenso studierte er die natürlichen Besonderheiten, die jedem maritimen Schlachtfeld zueigen waren. Dank dieser Erforschungen war es ihm möglich, sich auf eine sichere Route zu verlassen, wann auch immer er mit seiner Flotte auf der Flucht vor dem Feind war.

Wie man am Beispiel der Seeschlachten bei Hansan und Myongnyang sehen kann, erlaubte ihm sein Vorwissen, die komplexen geografischen Besonderheiten der Küste zu seinem Vorteil zu nutzen, sobald er von Feinden verfolgt wurde oder er diese verfolgte.

3. Unterschiedliche taktische Vorgehensweisen

Admiral Yi benutze außer der berühmten Kranichflügel-Formation verschiedene maritime Taktiken in Seeschlachten. Während seiner ersten Schlacht bei Okpo ordnete er die Flotte in einer horizontalen Linie an und ließ sie direkt auf den Feind zusteuern, der dadurch keine Chance hatte zu manövrieren und sodann mit heftigem Kanonenfeuer konfrontiert wurde.

In der Seeschlacht bei Pusan wurde die Lange-Schlange-Formation (Changsa-Jin auf Koreanisch) verwendet, um die gewaltige Ungleichheit von 83 koreanischen und 480 japanischen Schiffen zu bewältigen.

Yi setzte diese lange, enge Formation ein, damit die Flotte dem Feuer der Feinde nur minimal ausgesetzt sein würde. Korea ging als Sieger aus dieser Schlacht hervor. 128 feindliche Schiffe wurden versenkt und kein einziges eigenes. In der Schlacht bei Happo lenkte Yi die feindliche Flotte in einen eingeengten Hafen und war so imstande, all dessen Schiffe zu zerstören. In diesem Gefecht war noch nicht einmal eine formelle maritime Formation nötig, sondern Yi befahl seinen Schiffen einfach, einzeln gegen den Feind vorzupreschen, sobald er dies für angebracht hielt.

4. Die Moral der Feinde untergraben und das Vertrauen seiner Männer gewinnen

Während der Seeschlachten unterzog Yi die feindliche Kriegsflotte von vornherein einer heftigen Beschießung mit Pfeilen und Kanonen – eine Taktik, die sich als sehr effektiv erwies, um die Kampfmoral der Feinde zu schwächen. Als Folge entwickelten koreanische Marinesoldaten ein absolutes Vertrauen in ihren Admiral. Ihre Kampfmoral wurde höher mit jedem Sieg, zu dem er sie führte.

5. Die Erhaltung perfekter Disziplin und strenger Regeln

Faule Offiziere wurden ungeachtet ihres Dienstgrades mit Stockschlägen gezüchtigt. Soldaten, die desertierten, wurden mit dem Tode bestraft, genauso wie Offiziere, die Bestechungsgelder annahmen und über deren Desertion hinwegsahen. Das gleiche galt für jeden, der ein Verbrechen mehr als einmal begangen hatte. Während der Seeschlacht von Myongnyang ermahnte Admiral Yi An Wi ungehalten, der aus Angst zurückfiel und drohte ihm mit der Todesstrafe durch ein Militärgericht, falls er nicht vorrücken sollte. Diese Worte erweckten in An Wi wieder seinen alten Kampfgeist. Admiral Yi legte viel Wert auf strengen Gehorsam gemäß der Militärgerichtsbarkeit und auf die Einhaltung absoluter Gehorsamkeit. Dies führte dazu, dass die gesamte koreanische Marine, vom ranghöchsten Kommandanten bis zum gewöhnlichen Soldaten eine Einheit bildete. Auf diese Weise war es möglich, maritime Formationen und Kampfstrategien zu entwickeln, denn diese erforderten eine strenge Einheit unter der Besatzung.

6. Kameradschaft und Treuepflicht

Obwohl der chinesische Admiral Chen Lien versucht hatte, Admiral Yis Pläne, die sich zurückziehende japanische Marine zu vernichten, zu durchkreuzen, wurde er von ihm gerettet, als er bei Noryang von feindlichen Schiffen umzingelt und in Gefahr war, gefangen genommen zu werden. In der Seeschlacht von Myongnyang verweigerte An Wi angesichts der zahlenmäßig weit überlegenen feindlichen Streitmacht seinem Kommandeur den Gehorsam, wurde aber später vom Admiral gerettet, als er in Schwierigkeiten geriet. Yi war immer seinen Prinzipien treu und hätte keine Ungerechtigkeit oder Unverantwortlichkeit vonseiten seiner Leute geduldet. Gleichzeitig aber hatte er ein tiefes Gespür für Kameradschaft und ein Pflichtbewusstsein gegenüber ihnen. Auf diese Weise gewann er deren Vertrauen, ihren Respekt und hingebungsvollen Dienst.

7. Gute Führungsqualität überwand die schwierigsten Konditionen

Während des Siebenjährigen Krieges kümmerte sich Admiral Yi allein um alle Angelegenheiten der Kriegsführung wie Nachschub, Rekrutierung und Schiffbau. Von der Regierung wurde er dabei nicht unterstützt. In Schlachten, wo größte Ungleichheiten hinsichtlich der Anzahl von Schiffen und Truppen herrschten, befehligte er seine Marine in vorderster Linie, um seine Leute mit seiner Tapferkeit und Begeisterung zu inspirieren. In der hoffnungslosen Lage vor der Seeschlacht von Myongnyang, als die koreanische Marine mit nur 13 Schiffen kämpfen sollte, war Yi in der Lage, seine Männer mit folgender beherzter soldatischer Lebensregel zu ermutigen: „Derjenige, der bereit ist zu sterben, wird leben und derjenige, der leben will, wird sterben".

Hinter all diesen Methoden stand die unerschütterliche Loyalität und der selbstlose Einsatz Yis Person zu seinem Land und seinem Volk. Um diesen Prinzipien treu zu bleiben, musste Yi endlose Strapazen und Leiden ertragen. Er blieb seinem Land gegenüber loyal, sogar nach Gefängnisstrafe, Folter und schmählicher Degradierung. Er war fest davon überzeugt, dass seine Präsenz auf See und die Vernichtung des Feindes das einzig Richtige sei, das er für sein Land tun könne. Seine glanzvolle patriotische Hingabe kann man als die höchst wirkungsvolle und wichtigste Strategie Admiral Yi Soon-shins ansehen.

Yi Soon-shin: Sein Andenken und Einfluss im heutigen Korea

Sogar nach 400 Jahren bleibt der edle Geist des Admirals Yi Soon-shin, der ein Land vom Rande des Untergangs gerettet hatte, Gegenstand unserer Verehrung und Bewunderung. Im Folgenden werden verschiedene Wege aufgezeigt, an die sich seine Landsleute seit seinem tapferen Tod in der Seeschlacht von Norjang erinnern.

1. König Sonjo hat nach dem Tod von Yi mit den folgenden Sätzen sein Bedauern zum Ausdruck gebracht und dessen Seele getröstet:

> Obwohl ich dich im Stich gelassen habe,
> hast du mich aber nicht im Stich gelassen.
> Die Leiden, die du in dieser Welt erduldet hast
> und mit denen du in das Jenseits gingst...-
> wie kann man dies in Worte fassen?

Im Jahr 1604, dem 37. Regierungsjahr von König Sonjo, wurde Yi posthum zum Vize-Premierminister ernannt. Im Jahr 1643, dem 27. Regierungsjahr von König In Cho, wurde ihm der Ritterorden als ‚Chung Mu Gong' verliehen. Im Jahr 1793, dem 17. Regierungsjahr von König Jung Cho, erhielt er den Titel eines Premierministers.

Auf Anordnung von König Jung Cho im Jahr 1793 wurde all sein Schaffen und Wirken in drei Jahren literarisch zusammengestellt. Unter dem Titel „Eine vollständige Sammlung von Chung Mu Gong Yi" wurden 14 Bände herausgegeben. Als Kulturerbe aufbewahrt, stellt diese Sammlung eine wichtige historische Quelle dar, die das Vermächtnis von Admiral Yi an Korea beleuchtet.

2. Zur Erinnerung an Admiral Yi Soon-shin wurden zahlreiche Ahnentempel und Denkmäler errichtet. Dazu gehört auch der Hyonchungsa-Ahnentempel in Asan. Ins südliche Korea, wo zahlreiche Spuren von Yi vorhanden sind - alle Orte der Seeschlachten, der Cholla-Marinestützpunkt, seine Trainingslager - pilgern die Menschen und zollen ihren Respekt.

Das erste mit Eisen bewehrte Schildkrötenschiff der Welt wurde 1980 von der koreanischen Marine rekonstruiert und in der Marineakademie der Republik von Korea, in der Gedenkstätte in Asan, dem Kriegsmuseum und dem Nationalmuseum in Jinju ausgestellt. Weitere Exponate findet man im Memorial Museum in Washington DC, im Marinemuseum in England, in China, Deutschland, Frankreich, Kanada u.s.w.

Die wissenschaftliche Innovation, die hinter Yis Kobukson-Schiff steht, ist das geistige Fundament und die treibende Kraft, die hinter der Schiffbauindustrie des heutigen Korea steht. Über 30% der Schiffe in der Welt werden heute von Werften in Korea gebaut. Koreas Marinetechnologie gilt weltweit als hoch geachtet. In Bezug auf das Auftragsvolumen liegt Korea seit vielen Jahren vor dem benachbarten Mitbewerber Japan.

3. Über Yi Soon-shin, der als eine der höchsten Respektpersonen in der koreanischen Geschichte gilt, sind bereits etwa 200 Bücher veröffentlicht worden, allein 74 Bücher im Jahr 2004 und 2005. Der biografische Roman „Der Gesang des Schwertes", der auf der Grundlage von Yis Leben beruht, wurde zum Bestseller und wurde sogar von Koreas Präsident Roh Mu-hyun zum Lesen empfohlen.

4. Seit Beginn des 21. Jahrhunderts haben viele Koreaner damit begonnen, die Methoden und Vorbilder von Yi Soon-shin für ihre eigene Entwicklung zu übernehmen. Seine Rechtschaffenheit, seine Treue und Hingabe, seine ausgeklügelten Strategien, sein kreatives Denken, seine sorgfältigen Vorausplanungen und sein Sammeln von Informationen über Kontakte erfüllen

all die Ansprüche, die man an eine Führungsperson in der heutigen Zeit stellt. Im Bereich von Wirtschaft und Betriebswirtschaft sind das Studium und die Umsetzung seiner Strategiekunst und Führungsstil stark in Mode gekommen. Professor Yong Hee Ji, der Autor des Buchs *„Die Begegnung von Yi Soon-shin in Zeiten der Wirtschaftskrise"* hält Vorlesungen mit dem Titel „Yi Soon-shin und die Betriebswirtschaft" in Unternehmen, Hochschulen, Regierungen und in bürgerlichen Interessengemeinschaften. Betrachtet man Yi als Vorbild einer Führungspersönlichkeit im 21. Jahrhundert, so argumentiert er, kann man viel von ihm lernen, wie Grundsätze ehern befolgen, Vertrauen unter Individuen schaffen, Innovationen anstreben, Informationen einschätzen und nicht zum Opfer von Stolz werden.

> „Darüber hinaus war Yi streng gegen mit sich selbst, stand bis zum bitteren Ende zu seinen Grundsätzen, und gewann dabei das Vertrauen seiner Mitmenschen. Heutzutage könnte man dies als eine „transparente Führungsstrategie" bezeichnen. Da er sich selbst auf die Moral beruft, vertrauten ihm seine Untergebenen absolut. Darüber hinaus war er sehr anspruchslos. Und weil er anspruchslos war, war er immer auf alles vorbereitet."
>
> - Professor Yong Hee Ji

5. Selbst im kulturellen Leben im Korea des 21. Jahrhunderts ist er zu einer Symbolfigur geworden. Vom 4. 9. 2004 an wurde die Serie „Der unsterbliche Yi Soon-shin" über den Zeitraum von einem Jahr im Fernsehen gezeigt, was die allgemeine Einschaltquote auf fast 35% steigerte und die Serie wurde zu einer der beliebtesten Sendungen des Jahres gewählt. Zusätzlich wurde dieser Beitrag auch vom Komitee für Radiosendungen als besonders wertvolle Sendung im Jahr 2005 auserkoren. Der Erfolg dieser Sendung im Fernen Osten führte zu einem großen Interesse in den Vereinigten Staaten. Alsbald wurde eine Version mit Untertiteln für das amerikanische Publikum herausgegeben.

6. Admiral Yi Soon-shin dient vor allem der koreanischen Marine als großes Vorbild. Bis auf den heutigen Tag wird über den Führungsstil und die Schlachtstrategie von Yi in der koreanischen Marineakademie, in der koreanischen Marine, in der Schulung und Ausbildung der Marine und im koreanischen Marinekorps geforscht.

Seeschlachten von Admiral Yi Soon-shin

Während des Siebenjährigen Krieges war Yi Soon-shin in 23 Seeschlachten gegen Japan verwickelt und ist aus allen daraus siegreich hervorgegangen. Die Seeschlachten, die von Admiral Yi geführt wurden, sind in der untenstehenden Tabelle zusammengefasst.

	Datum Monat/Tag/Jahr	Ort	Koreanische Schiffe	Japanische Schiffe	Ergebnis Feindliche Schiffe Versenkt/	Aufgebracht
1	5/7/1592	Okpo	27	26	26	
2	5/7/1592	Happo	27	5	5	
3	5/8/1592	Chokjinpo	27	13	11	
4	5/29/1592	Sachon	26	13	13	
5	6/2/1592	Tangpo	27	21	21	
6	6/5/1592	Tanghangpo	51	26	26	
7	6/7/1592	Yulpo	51	7	7	
8	7/8/1592	Hansando	56	73	47	12
9	7/10/1592	Angolpo	56	42	42	
10	8/29/1592	Changrimpo	81	6	6	
11	9/1/1592	Hwajungumi	81	5	5	
12	9/1/1592	Tadaepo	81	8	8	
13	9/1/1592	Sopyongpo	81	9	9	
14	9/1/1592	Cholyongdo	81	2	2	
15	9/1/1592	Choryangmok	81	4	4	4
16	9/1/1592	Pusanpo	81	470	128	
17	3/4/1594	Chinhae	30	10	10	
18	3/5/1594	Tanghangpo	124	50	21	
19	9/29/1594	Changmunpo	50	117	2	
20	9/16/1597	Myongnyang	13	330	31	90 schwer beschädigt
21	7/18/1598	Cholido	?	100	50	
22	9/20/1598	Changdo	211 (Korea 83+ China 128)	?	30	
23	11/18/1598	Noryang	146 (Korea 83+ China 63	500	450	

Zusätzlich zu den 23 Seeschlachten wurden mehrere kleine Gefechte ausgetragen. Hierin inbegriffen ist ein Angriff der koreanischen Marine auf einen japanischen Marinestützpunkt sowie die erfolgreiche Verteidigung des eigenen Stützpunkts gegenüber den Japanern.

	Datum Monat/Tag/Jahr	Ort	Koreanische Schiffe	Japanasche Schiffe	Ergebnis
1*	2/10/1593 ~3/6/1593	Wungchon	89	40	Japan: 100 Verluste
2	10/4/1594	Changmumpo	50	?	Japanischer Rückzug
3	8/28/1597	Oranjin	12	8	Japanischer Rückzug
4	9/7/1597	Pyukpajin	12	13	Japanischer Rückzug
5	11/13/1598	Changdo	146 (Korea 83+ China 63)	10	Japanischer Rückzug

Admiral Won Kyun, der als Nachfolger von Yi Soon-shin eingesetzt wurde, nahm drei Mal an Seeschlachten teil, wobei er die Seeschlacht von Chil Chon-ryang verlor.

	Datum Monat/Tag/Jahr	Ort	Koreanische Schiffe	Japanische Schiffe	Ergebnis
1*	7/7/1597	Cholyoungdo	168	500	Korea: 7 Verluste
2	7/9/1597	Kadok	161	1000	Korea: 27 Verluste
3	7/16/1597	Chilchonryang	134	1000	Korea: 122 Verluste

Alle Datumsangaben beziehen sich auf den Mondkalender, der in Ostasien bis ins späte 19. Jahrhundert hinein benutzt wurde.

Die Anzahl der beteiligten Schiffe und das Resultat einer jeden Begegnung auf See, wie sie in den Tabellen dargestellt sind, wurden aus dem Kriegstagebuch und den Gerichtsunterlagen von Admiral Yi und den königlichen Archiven der Chosun Dynastie, den amtlichen Aufzeichnungen der Regierung, entnommen.

Während des gesamten Siebenjährigen Kriegs gab es in der koreanischen Marine unter der Leitung von Admiral Yi Soon-shin nur aufgrund des Musketenbeschusses der Japaner Verluste, jedoch wurden keine Schiffe verloren. Zwei Schiffe sanken durch die Fehler von Kommandanten, als die Marine nach der Seeschlacht von Woong Chon auf dem Weg zum Hauptquartier war. Solche überwältigenden Siege der koreanischen Marine waren nur möglich aufgrund der Bauart ihrer Schiffe, die aus soliden Materialien gefertigt wurden und durch die außergewöhnliche Feuerkraft und Reichweite ihrer Artillerie. Die Japaner statteten ihre Schiffe nur mit ein bis drei Kanonen mit viel geringerer Feuerkraft aus. Ihre hauptsächliche Bewaffnung waren Musketen. Mit diesen konnten sie zwar feindliche Seeleute töten, nicht aber feindliche Schiffe zerstören. Aus diesem Grund versenkte Yi die Kriegsschiffe des Feindes mit massivem Kanonenfeuer, noch bevor sich der Abstand beider Schiffe auf eine Entfernung von 200 m verringerte. So konnte die koreanische Marine in kurzer Zeit aufgrund der wirkungsvollen Strategie von Yi, die auf der Überlegenheit der koreanischen Schiffe und Artillerie beruhte, in der Geschichte der Seekriegsführung unvergleichliche Erfolge erringen.

Von den 23 Seeschlachten, in denen Admiral Yi gekämpft hatte, war die Seeschlacht von Noryang die größte und heftigste, eine Seeschlacht, in der 146 Schiffe Koreas und Chinas 500 Schiffen Japans gegenüberstanden, deren gesamte Armee sich auf dem Rückzug nach Japan befand. Der langandauernde Siebenjährige Krieg, der durch trügerische Ambitionen eines Menschen auf der Suche nach Ruhm und Territorium entstand, kostete unzähligen Unschuldigen das Leben und verwüstete vollständig deren Heimatland. Admiral Yi, der alles an Vorräten und Waffen auf die Kriegsschiffe lud, brach nach Noryang auf, um Land und Volk seinen letzten Dienst zu erweisen. Er legte seine Rüstung samt Helm ab und kämpfte mitten in der Schlacht, indem er Pfeile abschoss und die Kriegstrommel selbst schlug. Zuvor hatte er niemals seine Rüstung und Helm im

Krieg abgelegt. Vielleicht sollte dies die Lösung sein, sein schwieriges, mühsames Leben mit diesem letzten Sieg auf See zu beenden. Als er durch eine feindliche Kugel starb, erfuhr weder seine Mannschaft noch die chinesische Marine von seinem Tod. Sie waren mit Herz und Seele dabei, als sie die Feinde bis zum Ende bekämpften, und erzielten einen überragenden Sieg, wobei 450 japanische Schiffe von 500 versenkt wurden. Es war der erfolgreichste und glorreichste Sieg für die koreanische Marine, den sie je errungen hatte. Admiral Yi hat für diesen Sieg sein Leben geopfert. Mit dem letzten Atemzug sprach er: „Sagt nichts von meinem Tod". Er war besorgt, dass die Nachricht von seinem Tod möglicherweise den Kampfgeist seiner Krieger beeinträchtigen könne.

Seeschlachten von Admiral Yi Soon-shin

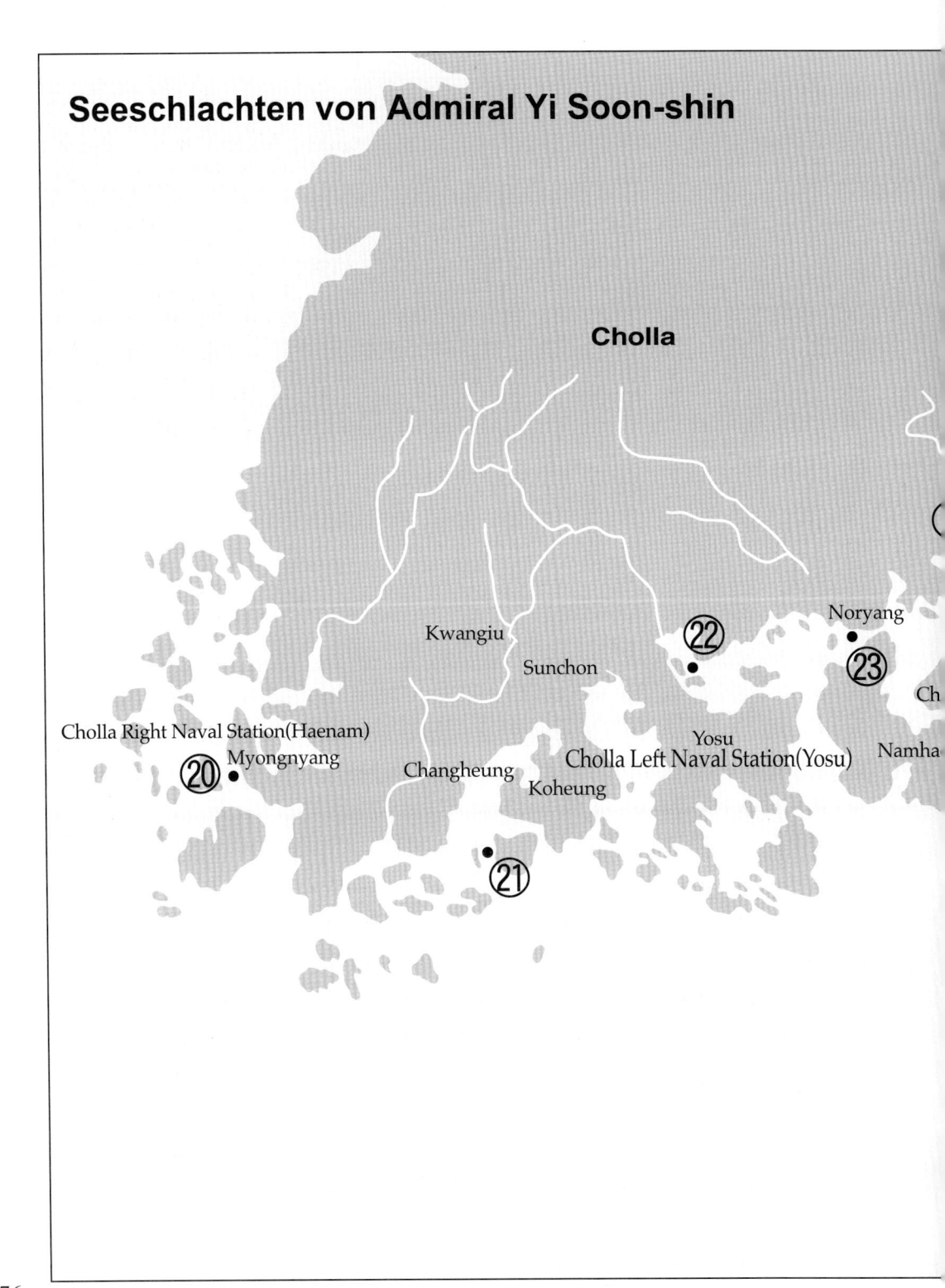

Kyongsang

Kosung-gun ⑰ Kimhae Pusan
Chokjinpo ② ⑨ ⑩ ⑬ ⑯
Tanghangpo •Happo Angolpo Cholyong-do
Sachon ⑱ ⑥ ③ ⑲ ⑪ ⑫ ⑭
Chunwonpo Chilchonnyang ⑦ ⑮
①
Koje-do
Tangpo • Hansan-do
⑤ ⑧

Noval Battles of Admiral Yi

① Okpo
② Happo
③ Chokjinpo
④ Sachon
⑤ Tangpo
⑥ Tanghangpo
⑦ Yulpo
⑧ Hansan-do
⑨ Angolpo
⑩ Changrimpo
⑪ Hwajungumi
⑫ Tadaepo
⑬ Sopyongpo
⑭ Cholyong-do
⑮ Choryangmok
⑯ Pusanpo
⑰ Chinhae
⑱ Tanghangpo II
⑲ Changmunpo
⑳ Myongnyang
㉑ Choli-do
㉒ Chang-do
㉓ Noryang

Bibliografie

Sonjo Sillok (Annals of King Sonjo)

Yi, Sun-sin, trans. Kim, Kyung-su. *Nanjung Ilgi* (War Diary). Seoul: Joyful Reading Press, 2004.

Yu, Song-nyong, trans. Lee, Jae-ho. *Chingbirok* (Precautions for the Future). Seoul: Wisdom House, 2007.

Andohi, Kotaro. *History and Theory of Relations of Japan, Korea and China*. Japanese Institute of Korean Studies, 1964.

Ballard, G. A. *The influence of the Sea on the Political History of Japan*. New York: E. P. Dutton, 1921.

Choi, Doo-hwan. *A Collected Works of Admiral Yi Sun-sin*. Seoul: Wooseok, 1999.

Ha, Tae-hung. *Nanjung Ilgi*: *War Diary of Admiral Yi Sun-sin*. Yonsei University Press, 1977.

Ha, Tae-hung. *Imjin Changch'o*: *Memorials to Court*. Yonsei University Press, 1981.

Kim, Hoon. "Leadership of Conversion: From Death to Life," *A Collection of theses on Yi Sun-sin*, no. 2. Admiral Yi Sun-sin Research Institute, 2004.

Kim, Su-yong. "Naval Battles of Yi, Nelson, and Togo," *Military Studies* 12 (1997).

Kim, Jung-jin. *Kobukson*. Seoul: Random House Joongang, 2005.

Kim, Tae-hoon. *The Two Faces of Yi Sun-sin*. Seoul: Changhae, 2004.

Murdoch, James. *A History of Japan*. London: Routledge, 1996.

Roh, Byung-cheon, *To Know Yi Sun-sin is to win the Japanese*. Seoul: 21c Military Research Institute, 2005.

Sato, Destaro. *A Military History of the Emperor* (帝國國防史論). Tokyo: Harashobo, 1908.

Siba, Ryotaro. "Clouds over the hill," *Sankei Newspaper*, March 27, 1972.

Yi, Min-wung. *A Naval History of the Imjin War*. Seoul: Chungeoram, 2004.

Mitarbeiter der Redaktion

Byung-Woong Chung erhielt seinen Bachelor-, Mastergrad und Promotion in Soziologie und Tourismus an der Hanyang Universität. Er arbeitet jetzt als Professor an der Fakultät für Tourismus-Management an der Soonchunhyang Universität und als Direktor des Admiral Yi Sun-sin Forschungsinstituts.

Jiseon Lee ist Chefredakteurin der „Koreanische Geistes- und Kulturserie". Sie absolvierte Anglistik und Literatur an der Ewha Womans-University und studierte Literatur und Philosophie am Wilson- und Boston-College in den Vereinigten Staaten.

Hang-Jin Chang ist Rechtsanwalt bei Linklaters LLP in London und ist auf internationales Finanzwesen spezialisiert. Er studierte Rechtswissenschaft als Hauptfach an der Oxford University und hat umfangreiche Erfahrung bei koreanisch-englischen Übersetzungen.

Yoon-Sang Han ist Rechtsanwalt in New York City. Er studierte Volkswirtschaft als Hauptfach an der Wesleyan University und erhielt den Abschluss in Rechtswissenschaften von der William- und Mary-School of Law. Er übersetzte zahlreiche Texte von Koreanisch auf Englisch, einschließlich *Polishing the Diamond, Enlightening the Mind* (Wisdom Publication, 1999).

Matthew Jackson ist Unternehmensberater bei Arthur D. Little in London. Er studierte Klassik als Hauptfach an der Oxford University und hat jahrelang als Redakteur bei englischen Übersetzungen gearbeitet. Er berichtet regelmäßig über koreanische Veröffentlichungen, insbesondere über traditionelle Künste und Wissenschaft.

Jung-Ja Holm ist Redakteurin der Organisation „Korean Spirit and Culture Promotion Project" und arbeitet als Übersetzerin für Koreanisch, Deutsch und Englisch in Deutschland. Ferner arbeitet sie Dozentin an Volkshochschulen in Bayern/Deutschland.

Peter Holm hat an der Technischen Universität Berlin Maschinenbau mit Schwerpunkt Messtechnik, Schwingungstechnik und Kraftfahrzeugtechnik studiert. Danach arbeitet er auf dem Gebiet der Akustik und Schwingungstechnik. Bei zahlreichen DVD-Filmen hat er sich mit der Nachvertonung der Dialoge auf Deutsch befasst. Aufgrund der langjährigen Berufserfahrung als Ingenieur hat er die Übersetzung von technischen Texten durchgeführt.